Chut... Je lis !

Manuel d'apprentissage de la lecture

Tome 2

Annick Vinot
Conseillère pédagogique

Jacques David
Maître de conférences en Sciences du langage

Valérie de Oliveira
Professeure des écoles

Joëlle Thébault
Professeure d'IUFM honoraire

Corinne Albaut pour les comptines

Responsable de projets : Julia Chiron
Création de la couverture et maquette intérieure : Florence Le Maux
Cursive : 4 heures
Mise en page : Marse/Hélène Ostrowski

Illustrations : couverture, Christine Roussey ; intérieur, Claire Gandini ;
Herman et Rosie pour la vie, Gus Gordon ; *La Ceinture magique*, Stéphane Jorisch ;
Ti Tsing, Clotilde Bernos ; *Le Garçon aux grandes oreilles*, Vincent Farges ;
Tout d'un loup, Antoine Guilloppé

Textes de littérature jeunesse :
Herman et Rosie pour la vie, Gus Gordon, traduction de Dominique Boutel, © Gallimard Jeunesse
© Hachette Livre pour la présente édition ;
La Ceinture magique, conte populaire adapté par Stéphane Jorisch et Claudine Vivier, © Les éditions
Les 400 Coups © Hachette Livre pour la présente édition ;
Ti Tsing, texte et illustrations de Clotilde Bernos, © Hoche Grand Sud / Les Éditions Le Sablier
© Hachette Livre pour la présente édition ;
Le Garçon aux grandes oreilles, Mohamed Bahi, Conte extrait de la collection « Conte-moi »
(www.conte-moi.net) édité aux Éditions des Braques © Tralalère © Hachette Livre pour la présente
édition ;
Tout d'un loup, Géraldine Elschner, © Les Éditions de l'Élan vert © Hachette Livre pour la présente édition.

ISBN : 978-2-01-238782-9

© HACHETTE LIVRE 2016, 58 rue Jean Bleuzen - CS 70007 - Vanves Cedex

www.hachette-education.com

Tous droits de traduction, de représentation et d'adaptation réservés pour tous pays.

Le Code de la propriété intellectuelle n'autorisant, aux termes des articles L.122-4 et L.122-5, d'une part, que les « copies ou reproductions strictement réservées à l'usage privé du copiste et non destinées à une utilisation collective » et, d'autre part, que « les analyses et les courtes citations » dans un but d'exemple et d'illustration, « toute représentation ou reproduction intégrale ou partielle, faite sans le consentement de l'auteur ou de ses ayants droit ou ayants cause, est illicite ».
Cette représentation ou reproduction, par quelque procédé que ce soit, sans autorisation de l'éditeur ou du Centre français de l'exploitation du droit de copie (20, rue des Grands-Augustins, 75006 Paris), constituerait donc une contrefaçon sanctionnée par les articles 425 et suivants du Code pénal.

Avant-propos

QUE PROPOSE LE MANUEL *CHUT… JE LIS !* ?

Apprendre à lire et à écrire demande à l'élève de développer simultanément diverses compétences. Toutes ces composantes sont abordées dans le manuel, hormis l'écriture, pour laquelle des activités sont proposées dans le cahier et dans le guide pédagogique. Ce dernier comporte également un CD permettant aux élèves de réécouter les histoires.

Chut… je lis !

Le manuel est composé de **deux tomes** organisés en chapitres. Chacun d'eux s'articule autour d'un thème proche des préoccupations des élèves.

- Le **tome 1** assure d'abord une continuité des apprentissages entre la grande section et le CP. Puis il propose de travailler la compréhension des textes collectivement, à l'oral, à partir d'une **lecture entendue**. La **lecture autonome** par les élèves porte sur de courts textes dans lesquels la plupart des mots sont soit connus, soit déchiffrables.
- Le **tome 2** permet aux élèves de lire le texte authentique. Les extraits à lire sont de plus en plus longs ; et, au dernier chapitre, le texte sera lu intégralement.

Chaque élève dispose d'un volume de textes à lire adapté à ses compétences :

- les élèves qui ont du mal à entrer dans ces apprentissages bénéficient d'une étape intermédiaire, grâce aux versions simplifiées des textes fournies par les photofiches ;
- les élèves qui lisent aisément peuvent lire partiellement ou intégralement les textes proposés ;
- tous les élèves peuvent découvrir des textes complémentaires de genres variés (identifiés par ★) : poésie, recette de cuisine…, soit seuls, à leur rythme, pour les élèves les plus rapides, soit avec l'aide de l'enseignant pour les autres.

Chaque chapitre du tome 2 propose :

- **Un texte narratif issu de la littérature de jeunesse**

Il est présenté dans son intégralité, en quatre épisodes, et enrichi d'illustrations authentiques. La **lecture à haute voix** d'une partie du texte par l'enseignant permet de le découvrir. Il est ensuite lu totalement ou partiellement par les élèves, selon les compétences acquises. Les questions proposées visent, à travers un échange oral, l'approfondissement de la **compréhension du texte**, qui aura été relu intégralement. Elles invitent également à des séances où le **langage oral** est travaillé dans ses différentes dimensions.

- **Un apprentissage très structuré du code**

L'étude du code permet aux élèves de comprendre et maîtriser les relations grapho-phonologiques tout en développant des **connaissances orthographiques**. Un entraînement régulier leur permet également une reconnaissance automatisée des mots les plus courants.

- **Une entrée progressive dans l'étude de la langue**

Les deux séances proposées à chaque épisode se font exclusivement à l'oral. Elles portent tantôt sur le **sens des mots**, tantôt sur la **forme des mots**. Une observation de l'**organisation de la phrase** est introduite progressivement.

- **Une approche culturelle**

Les rubriques *Lire pour se documenter*, *Le coin des artistes* et *Le coin bibliothèque* présentent d'autres écrits qui ne sont pas concernés par l'étude du code. Elles donnent des pistes pour une ouverture culturelle.

- **Une séance de révisions**

Une page de révisions synthétise les acquisitions de chaque chapitre.

Sommaire tome 1

Sur le chemin de la lecture... de la GS au CP   pp. 10 à 14

Thème	Texte de littérature de jeunesse	Lecture	Étude de la langue	
L'école pp. 15 à 40	**La Princesse à la toute petite patate** A. Cousseau, Hachette	Épisode 1 pp. 16-17	**La forme des mots** Les petits d'animaux (1)	p. 18
		Épisode 2 pp. 20-21	**La forme des mots** Les petits d'animaux (2)	p. 22
		Épisode 3 pp. 24-25	**Le sens des mots** L'école (1)	p. 26
		Épisode 4 pp. 28-29	**Le sens des mots** L'école (2)	p. 30
		Épisode 5 pp. 32-33	**Le sens des mots** L'école (3)	p. 34
La différence pp. 41 à 66	**Le Vilain Petit Canard*** D'après H.C. Andersen, Hachette	Épisode 1 pp. 42-43	**Les mots dans la phrase** Le mot, la phrase, la ligne	p. 44
		Épisode 2 pp. 46-47	**La forme des mots** Les familles d'animaux (1)	p. 48
		Épisode 3 pp. 50-51	**La forme des mots** Les familles d'animaux (2)	p. 52
		Épisode 4 pp. 54-55	**La forme des mots** Le groupe nominal (1)	p. 56
		Épisode 5 pp. 58-59	**Les mots dans la phrase** La ponctuation	p. 60
La nourriture pp. 67 à 92	**Le Tapis en peau de tigre** G. Rose, Albin Michel	Épisode 1 pp. 68-69	**Le sens des mots** L'alimentation (1)	p. 70
		Épisode 2 pp. 72-73	**Le sens des mots** L'alimentation (2)	p. 74
		Épisode 3 pp. 76-77	**La forme des mots** Le groupe nominal (2)	p. 78
		Épisode 4 pp. 80-81	**La forme des mots** Le groupe nominal (3)	p. 82
		Épisode 5 pp. 84-85	**Le sens des mots** L'alimentation (3)	p. 86
La famille pp. 93 à 118	**La Véritable Histoire du grand méchant Mordicus** D. Lévy, Sarbacane	Épisode 1 pp. 94-95	**La forme des mots** Le groupe nominal (4)	p. 96
		Épisode 2 pp. 98-99	**Le sens des mots** La famille (1)	p. 100
		Épisode 3 pp. 102-103	**La forme des mots** Le groupe nominal (5)	p. 104
		Épisode 4 pp. 106-107	**Le sens des mots** La famille (2)	p. 108
		Épisode 5 pp. 110-111	**Le sens des mots** La famille (3)	p. 112

Étude du code			Lire pour se documenter	Le coin des artistes
[a]	a à â	p. 19	L'école dans d'autres pays L'école autrefois pp. 36-37	**Poésies** • *Poème du cartable rêveur* – C. Norac • *Pour la rentrée* – P. Ruaud **Œuvre** Photographie • *L'Information scolaire* – R. Doisneau p. 38
[i]	i y	p. 23		
[l]	l ll	p. 27		
[ʀ]	r rr	p. 31		
[p]	p pp	p. 35		
[t]	t tt	p. 45	Tous différents mais tous égaux pp. 62-63	**Poésies** • *Deux Pigeons...** – M. Besnier • *La Libellule et le colimaçon** – E. Jabès **Œuvre** Illustration • *Le Petit Poucet* – G. Doré p. 64
[y]	u	p. 49		
[m]	m mm	p. 53		
[u]	ou	p. 57		
[ə]	e	p. 61		
[d]	d dd	p. 71	Manger et bouger pp. 88-89	**Poésies** • *Pomme et poire* – L. Bérimont • *Messieurs les petits oiseaux* – V. Hugo **Œuvre** Peinture • *Le Déjeuner* – C. Monet p. 90
[o]	o au eau	p. 75		
[ʃ]	ch	p. 79		
[e]	é er ez	p. 83		
[n]	n nn	p. 87		
[ɔ̃]	on om	p. 97	L'identité L'arbre généalogique pp. 114-115	**Poésies** • *Grigri* – G. Brulet • *Questions d'amour* – F. David **Œuvre** Peinture • *Le Quai de Paris* – M. Chagall p. 116
[b]	b	p. 101		
[s]	s c ss ç sc t	p. 105		
[ã]	an en am em	p. 109		
[v]	v w	p. 113		

* Ouvrage appartenant à la liste de référence des ouvrages de littérature de jeunesse pour le cycle 2.

Sommaire tome 2

Thème	Texte de littérature de jeunesse	Lecture	Étude de la langue		
La ville pp. 11 à 32	**Herman et Rosie pour la vie** G. Gordon, Gallimard Jeunesse	Épisode 1 pp. 12-13	Le sens des mots Les mots dans la phrase	La ville L'identification du verbe (1)	p. 14 p. 14
		Épisode 2 pp. 16-17	Le sens des mots Les mots dans la phrase	La musique Les pronoms (1)	p. 18 p. 18
		Épisode 3 pp. 20-21	Les mots dans la phrase La forme des mots	L'identification du verbe (2) Le groupe nominal (6)	p. 22 p. 22
		Épisode 4 pp. 24-25	Les mots dans la phrase La forme des mots	Les pronoms (2) Le groupe nominal (7)	p. 26 p. 26
Châteaux, princes et princesses pp. 33 à 54	**La Ceinture magique** S. Jorisch, Les 400 Coups	Épisode 1 pp. 34-35	Le sens des mots La forme des mots	Les accessoires Le verbe (1)	p. 36 p. 36
		Épisode 2 pp. 38-39	Le sens des mots La forme des mots	Les antonymes Le verbe (2)	p. 40 p. 40
		Épisode 3 pp. 42-43	La forme des mots Les mots dans la phrase	La dérivation en -ier Les phrases interrogatives (1)	p. 44 p. 44
		Épisode 4 pp. 46-47	Les mots dans la phrase La forme des mots	Les phrases interrogatives (2) Des familles de mots (1)	p. 48 p. 48
Les enfants du monde pp. 55 à 76	**Ti Tsing** C. Bernos, Le Sablier Jeunesse	Épisode 1 pp. 56-57	Le sens des mots La forme des mots	Les vêtements Le verbe (3)	p. 58 p. 58
		Épisode 2 pp. 60-61	Le sens des mots La forme des mots	Les moyens de transport (1) Les finales en -o / -eau	p. 62 p. 62
		Épisode 3 pp. 64-65	Le sens des mots La forme des mots	Des mots de sens proches (1) Le verbe (4)	p. 66 p. 66
		Épisode 4 pp. 68-69	Le sens des mots La forme des mots	Les moyens de transport (2) Le verbe (5)	p. 70 p. 70
Le corps pp. 77 à 98	**Le Garçon aux grandes oreilles** A. Bouzzine, Les Éditions des Braques	Épisode 1 pp. 78-79	Le sens des mots La forme des mots	Le corps humain Le verbe (6)	p. 80 p. 80
		Épisode 2 pp. 82-83	Le sens des mots La forme des mots	Des expressions (1) Des familles de mots (2)	p. 84 p. 84
		Épisode 3 pp. 86-87	Le sens des mots La forme des mots	Les mots de la parole Le verbe (7)	p. 88 p. 88
		Épisode 4 pp. 90-91	Le sens des mots Les mots dans la phrase	Les émotions et les sentiments Les pronoms (3)	p. 92 p. 92
Animal sauvage, animal domestique pp. 99 à 120	**Tout d'un loup** E. Elschner, L'Élan vert	Épisode 1 pp. 100-101	Le sens des mots La forme des mots	Le corps animal Le verbe (8)	p. 102 p. 102
		Épisode 2 pp. 104-105	Le sens des mots La forme des mots	Des expressions (2) Le verbe (9)	p. 106 p. 106
		Épisode 3 pp. 108-109	Le sens des mots La forme des mots	Des mots de sens proches (2) La dérivation en -age	p. 110 p. 110
		Épisode 4 pp. 112-113	Le sens des mots La forme des mots	Des expressions (3) Des familles de mots (3)	p. 114 p. 114

Étude du code			Lire pour se documenter	Le coin des artistes
[ɛ]	è ê et ai ei	p. 15	Les habitations pp. 28-29	**Poésies** • *Je rêve** – J. Elias • *Le Monde* – S. Joanniez **Œuvre** Architecture *Villa Savoye* – Le Corbusier p. 30
[f]	f ff ph	p. 19		
[k]	c k q qu	p. 23		
[wa]	oi	p. 27		
[k] [s]	La lettre c	p. 37	L'Histoire ou des histoires ? L'Histoire et ses châteaux pp. 50-51	**Poésies** • *Le Temps des contes* – G. Jean • *Héron* – P. Bergèse **Œuvre** Peinture • *Château au soleil couchant* – P. Klee p. 52
[ʒ]	g j	p. 41		
[z]	z s	p. 45		
[ɛ̃]	in im ain ein	p. 49		
[s] [z]	La lettre s	p. 59	La vie des enfants sur les autres continents pp. 72-73	**Poésies** • *Cinq continents* – C. Albaut • *Partout* – A. Serres **Œuvre** Peinture • *La Colombe de la paix* – P. Picasso p. 74
[g]	g gu	p. 63		
[wɛ̃]	oin	p. 67		
[ʒ] [g]	La lettre g	p. 71		
[j]	ill il y	p. 81	Vivre en sécurité L'hygiène pp. 94-95	**Poésies** • *Mes Dix Gardes du corps* – F. Fampou • *C'était un bon copain* – R. Desnos **Œuvre** • *Masque funéraire de Toutankhamon* p. 96
[ø] [œ] [œʀ]	eu œu eur œur	p. 85		
	La lettre h	p. 89		
[ɲ]	gn	p. 93		
[gz] [ks] [s] [z]	La lettre x	p. 103	La vie du loup Les chiens, amis de l'homme pp. 116-117	**Poésies** • *Le Loup* – M. Tenaille • *Zoo* – M. Butor **Œuvre** Sculpture • *Le Lion de Belfort* – F. A. Bartholdi p. 118
[œ̃]	un um	p. 107		
	Consolidation ell err ett ess	p. 111		
[j...]	Consolidation ier ière ien ienne	p. 115		

* Ouvrage appartenant à la liste de référence des ouvrages de littérature de jeunesse pour le cycle 2.

Présentation d'un chapitre

Une page pour présenter le thème

Découvre la couverture du livre.

Des pages pour apprendre à lire

Observe l'illustration.

Écoute l'histoire.

Lis seul(e) un extrait de l'épisode.

Réponds aux questions pour mieux comprendre l'histoire.

Réponds aux questions pour apprendre à mieux parler.

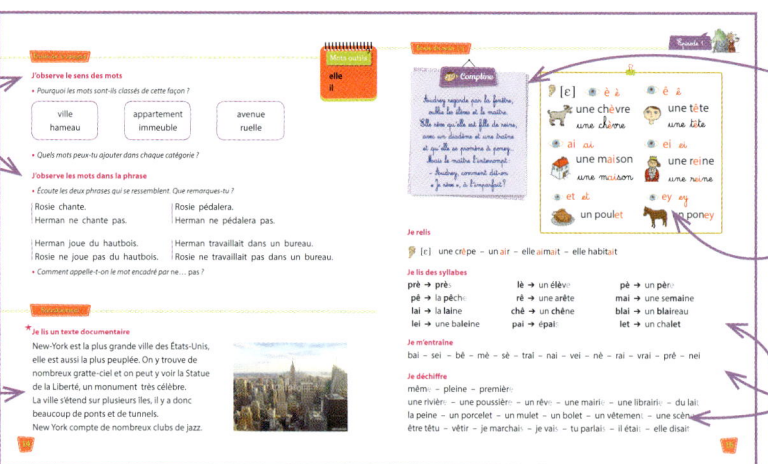

Observe la langue : les mots, les phrases.

Entraîne-toi avec de nouveaux textes.

Écoute la comptine pour trouver le son étudié.

Observe la relation entre le son et les lettres.

Lis des syllabes et déchiffre des mots.

Des pages pour travailler sur le thème

• Lis pour te documenter

Découvre des documents variés et réponds aux questions pour mieux les comprendre.

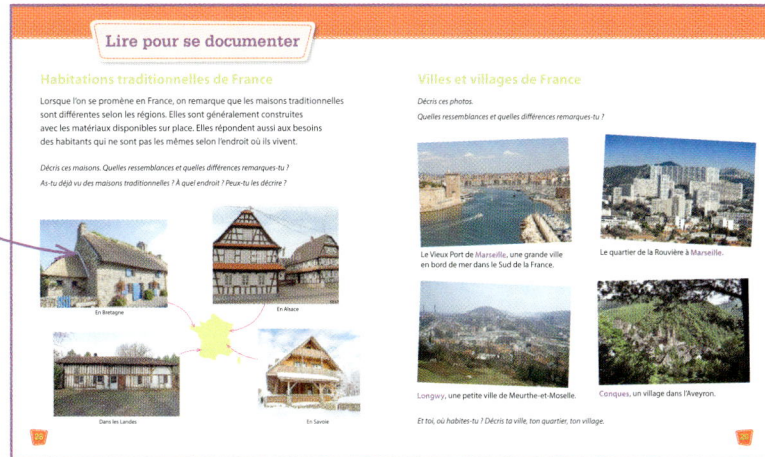

• Découvre le coin des artistes et le coin bibliothèque

Écoute des poésies, apprends-en une pour la dire.

Découvre et observe une œuvre d'art.

Découvre d'autres livres à lire à l'école, à la bibliothèque ou à la maison.

Une page pour réviser

Relis des mots connus.

Relis des syllabes.

Relis les mots outils du chapitre.

Déchiffre des mots.

Lis de nouvelles phrases.

Lis le résumé de l'histoire.

Dans le tome 1 de Chut... Je lis !, tu as découvert quatre histoires :

La Princesse à la toute petite patate

Le cochon n'a pas envie d'aller à l'école. Pourquoi apprendre ? Il ne pense qu'à manger ! Mais quand la maîtresse lit l'histoire de *La Princesse à la toute petite patate*, il a vraiment envie de connaître la fin.

Le Vilain Petit Canard

La cane est bien étonnée : le dernier-né de la couvée ne ressemble pas aux autres, il est gros, gris et laid… À la ferme, il est rejeté et, partout où il va ensuite, il se sent de trop. Enfin, au printemps, il découvre quelle est sa véritable famille.

Le Tapis en peau de tigre

Le vieux tigre est si affamé qu'il quitte la jungle et se réfugie dans le palais. Il se fait passer pour un tapis : il n'est pas plus épais qu'une carpette !
Mais la bonne nourriture le fait grossir…
Si on découvre que c'est un vrai tigre, ne va-t-il pas être transformé en tapis pour de bon ?

La Véritable Histoire du grand méchant Mordicus

Le petit Félix est décidé à affronter les dangers de la forêt. Il part à la recherche du grand méchant Mordicus, au risque de se faire manger.
Mais pourquoi ? Et comment peut-il en savoir autant sur le vieux loup et sur sa fille Melba ?

Dans le tome 2, tu vas découvrir d'autres histoires. Tu les liras en partie, et même bientôt entièrement !

La ville

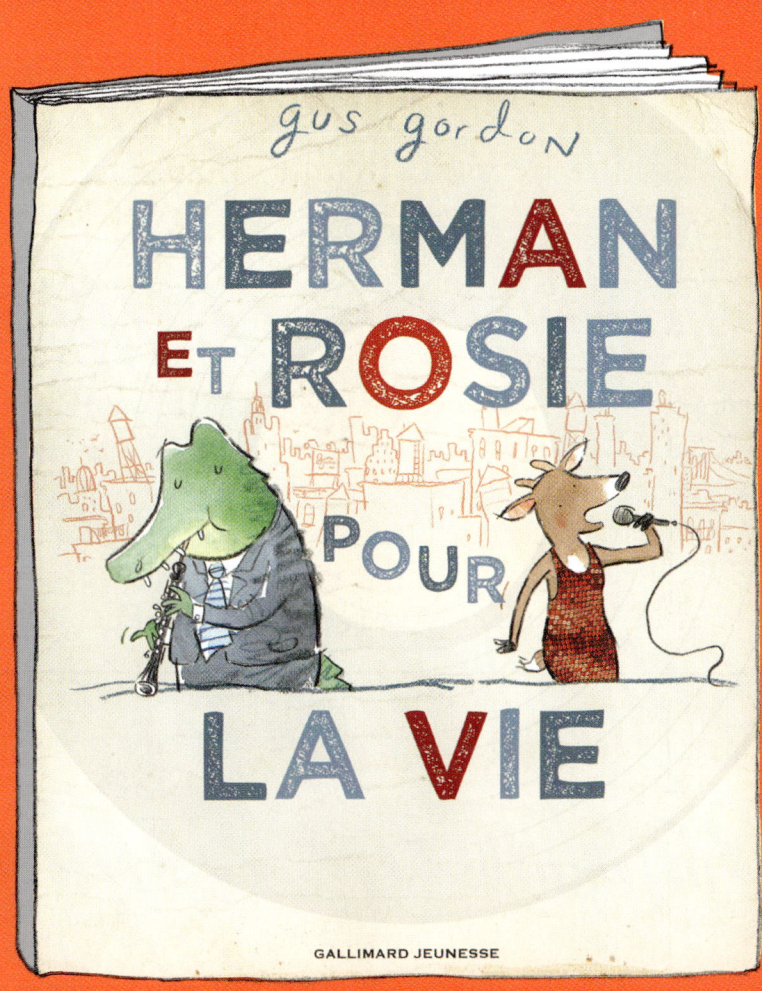

Gus Gordon

est né en 1971 à Sydney, en Australie, où il habite. Il a écrit et illustré beaucoup de livres pour enfants, dans lesquels il représente toujours les personnages sous la forme d'animaux.
Herman et Rosie est le premier de ses ouvrages traduit en français. Cet album a reçu un prix en Australie, en Allemagne et au Japon. En France, il a fait partie de la sélection 2014-2015 du Prix des Incorruptibles.

Il a aussi illustré :
Mon Tout Premier Livre d'art, Rosie Dickins et Sarah Courtaud, Usborne, 2011.

Il était une fois dans une ville très animée, dans une rue très animée, deux très petits appartements : dans l'un vivait Herman Schubert…
Dans l'autre, Rosie Bloom.
Herman habitait au septième étage. Il aimait les plantes en pot, jouer du hautbois, les yaourts à la mûre, l'odeur des hot dogs en hiver et regarder des films sur les océans.

Rosie habitait au cinquième étage de l'immeuble d'à côté. Elle aimait les crêpes, écouter de vieux disques de jazz, les courants d'air dans le métro l'été, les caramels qui collent aux dents, chanter sur l'escalier de secours… et regarder des films sur les océans.

Herman et Rosie adoraient vivre dans cette grande ville. Ça klaxonnait, ça vrombissait, ça bourdonnait et, certains jours, ils avaient le sentiment que rien n'était impossible.
Mais bien souvent, ils s'y sentaient seuls.
Herman travaillait dans un bureau au cinquante et unième étage d'une tour. Il passait la journée au téléphone à vendre toutes sortes de choses. Les gens n'avaient pas nécessairement envie d'acheter quelque chose. Mais ça ne dérangeait pas Herman. Il aimait tout simplement parler à quelqu'un.
Rosie travaillait dans un restaurant chic des quartiers résidentiels.
L'après-midi, elle pédalait jusqu'à son cours de chant.

Je découvre l'illustration

Quels personnages peut-on reconnaître ?
Où sont-ils ? Pour quoi faire ?
D'après toi, sont-ils amis ?

Je comprends l'histoire

Où habitent les deux personnages ?
D'après toi, se connaissent-ils ? Pourquoi ?
Quels sont leurs points communs ?

Je donne mon avis

Si tu pouvais choisir, que préférerais-tu :
habiter à la ville ou à la campagne ?
Pourquoi ?

Étude de la langue

Mots outils

elle
il

J'observe le sens des mots

• *Pourquoi les mots sont-ils classés de cette façon ?*

| ville | appartement | avenue |
| hameau | immeuble | ruelle |

• *Quels mots peux-tu ajouter dans chaque catégorie ?*

J'observe les mots dans la phrase

• *Écoute les deux phrases qui se ressemblent. Que remarques-tu ?*

| Rosie chante. | Rosie pédalera. |
| Herman ne chante pas. | Herman ne pédalera pas. |

| Herman joue du hautbois. | Herman travaillait dans un bureau. |
| Rosie ne joue pas du hautbois. | Rosie ne travaillait pas dans un bureau. |

• *Comment appelle-t-on le mot encadré par* ne… pas *?*

Entraînement

★ Je lis un texte documentaire

New York est la plus grande ville des États-Unis. C'est aussi la plus peuplée. On y trouve de nombreux gratte-ciel. On peut y voir la statue de la Liberté, un monument très célèbre.
La ville s'étend sur plusieurs îles, il y a donc beaucoup de ponts et de tunnels.
New York compte de nombreux clubs de jazz.

Étude du code [ɛ]

Comptine

Audrey regarde par la fenêtre,
oublie les élèves et le maître.
Elle rêve qu'elle est fille de reine,
avec un diadème et une traîne
et qu'elle se promène à poney...
Mais le maître l'interrompt :
— Audrey, comment dit-on
« Je rêve » à l'imparfait ?

Je relis

 [ɛ] une cr**ê**pe – un **ai**r – elle **ai**m**ai**t – elle habit**ai**t

Je lis des syllabes

prè → **prè**s	**lè** → un é**lè**ve	**pè** → un **pè**re
pê → la **pê**che	**rê** → une a**rê**te	**mai** → une se**mai**ne
lai → la **lai**ne	**chê** → un **chê**ne	**blai** → un **blai**reau
lei → une ba**lei**ne	**pai** → é**pai**s	**let** → un cha**let**

Je m'entraîne

bai – sei – bê – mè – sè – traî – nai – vei – nè – rai – vrai – prê – nei

Je déchiffre

même – pleine – première
une rivière – une poussière – un rêve – une mairie – une librairie – du lait
la peine – un porcelet – un mulet – un bolet – un vêtement – une scène
être têtu – vêtir – je marchais – je vais – tu parlais – il était – elle disait

Tous les jeudis soir, Rosie chantait deux heures dans un petit club de jazz du centre-ville.
C'était son moment de bonheur de la semaine.
Un soir en rentrant du travail, Herman entendit un son.
Ce n'était pas l'un des bruits habituels de la ville.
C'était un son différent. Quelqu'un chantait…
… et c'était merveilleux. Il éprouva la même sensation que s'il avait mangé du miel à même le pot.
Cette nuit-là, la chanson flottant toujours dans sa tête, Herman monta avec son hautbois sur le toit et se lança dans un petit morceau de jazz entraînant.

Dans l'immeuble d'à côté, Rosie commença alors à fredonner et à battre la mesure avec ses doigts de pieds.
La musique du hautbois emplissait la pièce.
C'était l'air le plus beau qu'elle ait jamais entendu.
Et l'air lui resta en mémoire (c'est souvent le cas avec les bonnes mélodies). Elle le fredonnait aussi souvent qu'elle pouvait pour ne pas l'oublier.

Pendant des jours et des jours, ce fut comme si la musique les accompagnait.
Herman ne cessait d'entendre cette merveilleuse voix et Rosie ne cessait d'entendre le petit air qu'elle adorait.
Partout.
Et puis un beau matin, Herman découvrit en arrivant au bureau qu'il avait perdu son travail.
Il ne vendait pas assez de choses.
Herman était pourtant persuadé d'en avoir vendu beaucoup mais, en réalité, il était si heureux de parler à quelqu'un au téléphone qu'il en oubliait souvent de vendre quoi que ce soit.

Je découvre l'illustration

Où est Rosie ? Que fait-elle ?
Où est Herman ? Que fait-il ?

Je comprends l'histoire

Quel rôle la musique a-t-elle dans cet épisode ?
D'après toi, que va-t-il se passer ?

Je raconte

Quand aimes-tu écouter de la musique ?
Quel genre de musique écoutes-tu ?

J'observe le sens des mots

- *Quels mots peux-tu regrouper ?*

Mots outil

jamais
toujours
souvent

	air	flûte
chanson	berceuse	piano
	hautbois	mélodie

- *Quel nom peux-tu donner à chaque catégorie ?*
- *Quels mots peux-tu ajouter dans chaque catégorie ?*

J'observe les mots dans la phrase

- *Compare les deux phrases qui se ressemblent. Que remarques-tu ?*

| Herman monta sur le toit. | Rosie bat la mesure. |
| Il monta sur le toit. | Elle bat la mesure. |

| Herman entendit un son. | Rosie fredonnait un air. |
| Il entendit un son. | Elle fredonnait un air. |

- *Cherche d'autres phrases que l'on peut transformer de la même façon. Que remarques-tu ?*

★ Je lis un texte documentaire

Les instruments les plus utilisés dans le jazz sont la guitare, la trompette, le saxophone, la batterie, la contrebasse, le piano et le trombone.
Mais on peut faire du jazz avec n'importe quel instrument. Très souvent, le musicien de jazz improvise. Cela veut dire qu'il invente la mélodie au fur et à mesure qu'il joue un morceau.

Étude du code [f] — Épisode 2

Comptine

On a réuni la famille
pour la fête de tante Sophie.
Elle a soufflé ses bougies
avec son fils et sa fille.
On a fait plein de photos,
on lui a offert des fleurs de lys
et, pour finir comme il faut,
on a tiré un feu d'artifice.

Je relis

 [f]   un **f**ilm – **f**redonner

Je lis des syllabes

fa → **fa**cile	**fi** → **fi**nir	**fe** → une **fe**nêtre
fou → la **fou**le	**fau** → une **fau**te	**far** → une **far**ce
fran → **fran**chir	**four** → une **four**mi	**pha** → un **pha**raon
phan → un élé**phan**t	**phar** → une **phar**macie	**phra** → une **phra**se

Je m'entraîne

fai – fri – lai – pha – frai – phi – fla – flou – nai – fron – rei – frou – pai

Je déchiffre

la farine – un enfant – une flamme – un massif – un chiffon – un chiffre
un téléphone – un phare – un saphir – une fourche – un frère – une fable
faire – faufiler – se fâcher – finir – souffler – affamer – affoler – fêter

Ce soir-là au club de jazz du Chien Galeux, Rosie chanta comme jamais. Mais il n'y avait personne pour l'entendre. À la fin de son numéro, Rosie apprit une mauvaise nouvelle : le club fermait.
Herman quitta son bureau pour la dernière fois. Il n'était pas d'humeur à jouer du hautbois ce soir-là.
Rosie ne se sentait pas d'humeur à chanter.
La ville semblait plus sombre, bruyante et oppressante que d'habitude.

Herman Schubert s'assit dans son tout petit appartement et grignota des bretzels. Pour se remonter le moral, il décida de regarder l'intégrale de sa collection de films du Commandant Cousteau sur le monde sous-marin.
Son hautbois était soigneusement rangé sous son lit.
Rosie Bloom se mit à faire des crêpes dans la cuisine de son tout petit appartement. Des monceaux de crêpes. Bien plus qu'elle ne pourrait jamais avaler.

Et comme elle ne se sentait pas mieux après cela, elle décida de regarder l'intégrale de sa collection de films du Commandant Cousteau sur le monde sous-marin.
Les jours, les nuits et les semaines s'écoulèrent lentement. Rosie perdit sa voix, étouffée par les bruits de la ville. Et Herman perdit son envie de jouer du hautbois.
La ville était toujours en mouvement, mais elle s'était désaccordée.

Je découvre l'illustration

Où sont Herman et Rosie ? Que font-ils ? D'après toi, que leur arrive-t-il ? Pourquoi ?

Je comprends l'histoire

Quel est le problème de chaque personnage ? Qu'est-ce qui rapproche les héros sans qu'ils le sachent ?

J'explique

Comment peut-on aider quelqu'un à retrouver le moral ?

J'observe les mots dans la phrase

- *Écoute les phrases de chaque colonne. Que remarques-tu ?*

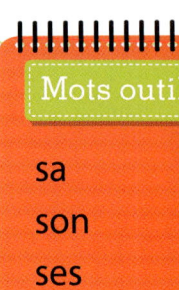

Rosie chante une chanson. Herman joue du hautbois.
Rosie chantait une chanson. Herman jouait du hautbois.
Rosie chantera une chanson. Herman jouera du hautbois.
Rosie chanta une chanson. Herman joua du hautbois.

- *Transforme les phrases avec* ne… pas. *Que remarques-tu ?*

J'observe la forme des mots

- *Que remarques-tu ?*

un petit appartement → des petits appartements
une petite maison → des petites maisons
un joli bruit → des jolis bruits
une jolie chanson → des jolies chansons

★ Je lis la présentation d'un livre-disque

Un piano raconte la vie du jeune George Gershwin, enfant turbulent de New York qui devint un très grand musicien, célèbre dans le monde entier.
Le disque permet d'entendre l'Américaine qui a écrit cette histoire. Son récit est entrecoupé d'extraits musicaux. On peut ainsi découvrir les plus belles comédies musicales de Gershwin, comme *Un Américain à Paris*.

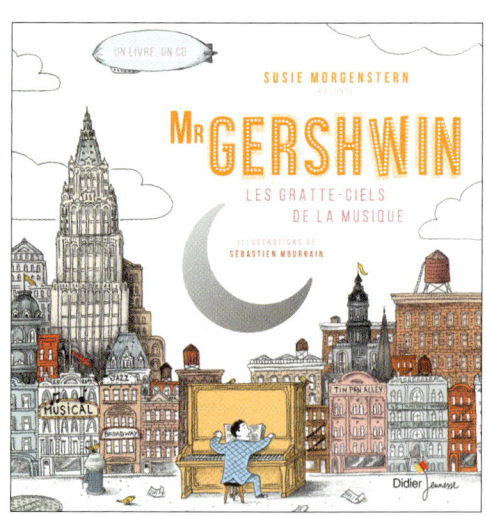

Étude du code [k] — Épisode 3

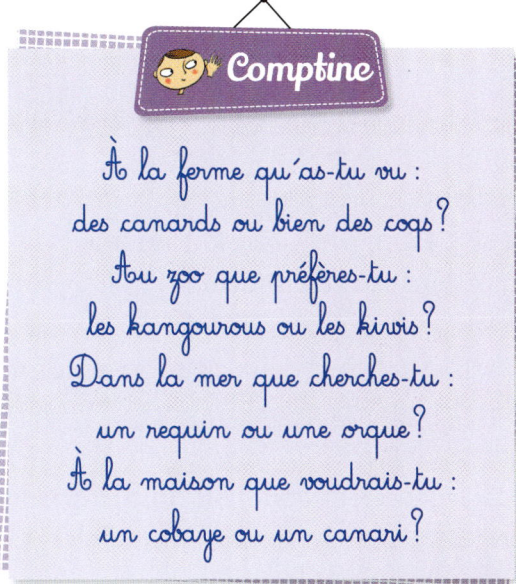

Comptine

À la ferme qu'as-tu vu :
des canards ou bien des coqs ?
Au zoo que préfères-tu :
les kangourous ou les kiwis ?
Dans la mer que cherches-tu :
un requin ou une orque ?
À la maison que voudrais-tu :
un cobaye ou un canari ?

[k] cC c C
un **c**anard — un **c**anard

qu Qu qu Qu
une bar**qu**e — une bar**qu**e

q q
un co**q**

k K k K
un **k**épi

Je relis

[k]   un **c**aramel – un es**c**alier de se**c**ours – une **c**olle**c**tion – une **c**uisine
un dis**qu**e – cin**qu**ième

Je lis des syllabes

ca → un **ca**deau	**co** → un **co**chon	**car** → une **car**te
cou → **cou**per	**cla** → une **cla**sse	**clé** → une **clé**mentine
cli → un **cli**ent	**cro** → un mi**cro**	**ka** → le **ka**raté
ki → un **ki**lo	**qui** → une **qui**che	**quer** → pi**quer**

Je m'entraîne

clan – qui – cran – cou – que – cri – crai – ké – fai – clou – pha – cli – quan

Je déchiffre

qui – aucune – auquel – alphabétique – cinq
un carré – un carton – une caravane – une clôture – une dictée – un arc – un koala
les mathématiques – un quai – une banque – un bouquet – un cartable – une cloche
cacher – découper – commencer – appliquer – calmer – coller

 Et puis, un beau matin…
Rosie se réveilla en sursaut : elle avait envie de caramel qui colle aux dents !
Herman se réveilla en sursaut : il lui fallait absolument du yaourt aux mûres !
Mais il faisait tellement beau dehors qu'Herman oublia aussitôt son yaourt et Rosie son caramel.
Au lieu de cela, ils partirent se promener et marchèrent… et marchèrent…
Jusqu'à ce qu'ils arrivent tous deux au même endroit, où ils achetèrent un hot dog.
Puis chacun rentra chez soi.
Cette nuit-là, Herman sortit son hautbois de dessous son lit et se dirigea vers le toit de son immeuble.
La ville semblait contente de le revoir. Même ses fracas et ses klaxons semblaient s'harmoniser.

Rosie était en train de cuisiner. Elle se sentit étrangement heureuse lorsqu'elle entendit le petit morceau de jazz qu'elle adorait.
Elle lâcha sa poêle : il *fallait* qu'elle suive cet air.
Bondir… grimper… sauter… jusqu'à…

Un soir, dans une rue très animée, sur le toit d'un immeuble très très haut, Rosie trouva Herman. Et Herman trouva Rosie.
Et la ville ne fut plus jamais tout à fait la même.

Je découvre l'illustration

D'après toi, que fait Rosie p. 24 ?
D'après toi, que se passe-t-il p. 25 ?

Je comprends l'histoire

Qu'est-ce qui montre que l'humeur des héros change ?
Comment peut-on expliquer la scène représentée p. 25 ?
Que penses-tu de la fin de l'histoire ?

Je raconte

Connais-tu une histoire qui se termine de la même façon ? Laquelle ?

Étude de la langue

J'observe les mots dans la phrase

• *Compare les deux phrases qui se ressemblent. Que remarques-tu ?*

Herman sort son hautbois.	Rosie lâche sa poêle.
Il sort son hautbois.	Elle lâche sa poêle.
Herman et Paul aiment la musique.	Rosie et Léa aiment la musique.
Ils aiment la musique.	Elles aiment la musique.

Herman et Rosie aiment la musique.
Ils aiment la musique.

Mots outils

elle
il
elles
ils

• *Que remarques-tu de particulier avec les deux dernières phrases ?*

J'observe la forme des mots

• *Que remarques-tu ?*

mon caramel → mes caramels   ma chanson → mes chansons
ton caramel → tes caramels   ta chanson → tes chansons
son caramel → ses caramels   sa chanson → ses chansons

Entraînement

★ **Je lis un nouveau texte**

Nous utilisons parfois des mots anglais pour parler de notre nourriture.
Voici des exemples.

un hot dog   **un sandwich**   **un hamburger**   **un toast**   **un cake**

Connais-tu d'autres mots anglais que l'on utilise souvent ? Lesquels ?

Étude du code [wa]　　　　　　　　　　　　　　　　　　　　　　　　Épisode 4

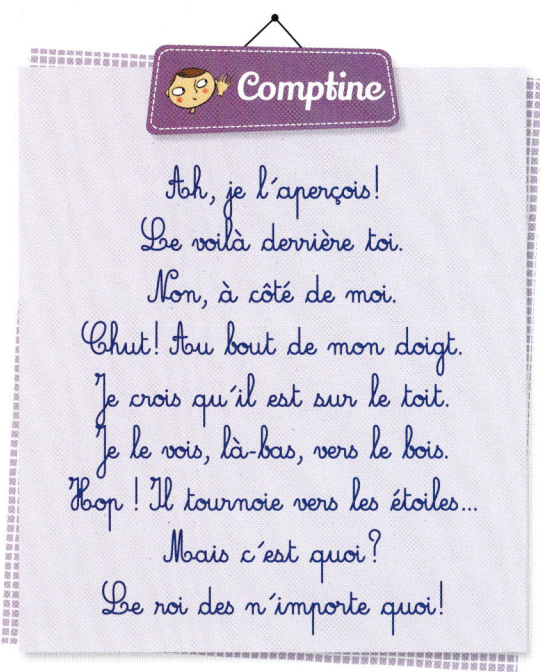

Comptine

Ah, je l'aperçois !
Le voilà derrière toi.
Non, à côté de moi.
Chut ! Au bout de mon doigt.
Je crois qu'il est sur le toit.
Je le vois, là-bas, vers le bois.
Hop ! Il tournoie vers les étoiles...
Mais c'est quoi ?
Le roi des n'importe quoi !

[wa]　oi　*oi*

un roi

un roi

Je relis

 [wa]   une f**oi**s – un hautb**oi**s

Je lis des syllabes

poi → un **poi**sson	**noi** → une **noi**x	**boi** → un **boi**s
foi → une **foi**re	**toi** → une é**toi**le	**soi** → une **soi**rée
coi → **coi**ffer	**voi**r → re**voi**r	**soi**r → bon**soi**r
ploi → un em**ploi**	**croi** → un **croi**ssant	**troi** → **troi**s

Je m'entraîne

quoi – choi – frai – moi – doi – fran – loi – fri – poir – droi – cou – voi

Je déchiffre

moi – toi – soi – quoi – à droite
un toit – un tournoi – une voile – la soif – une patinoire – un trottoir – un couloir
un doigt – une poire – un endroit – un mois – un devoir – un mouchoir – la loi
avoir – recevoir – croire – coiffer – boire – froisser

Lire pour se documenter

Habitations traditionnelles de France

Lorsque l'on se promène en France, on remarque que les maisons traditionnelles sont différentes selon les régions. Elles sont généralement construites avec les matériaux disponibles sur place. Elles répondent aussi aux besoins des habitants qui ne sont pas les mêmes selon l'endroit où ils vivent.

Décris ces maisons. Quelles ressemblances et quelles différences remarques-tu ?

As-tu déjà vu des maisons traditionnelles ? À quel endroit ? Peux-tu les décrire ?

En Bretagne

En Alsace

Dans les Landes

En Savoie

Villes et villages de France

Décris ces photos.

Quelles ressemblances et quelles différences remarques-tu ?

Le Vieux Port de **Marseille**, une grande ville en bord de mer dans le Sud de la France.

Le quartier de la Rouvière à **Marseille**.

Longwy, une petite ville de Meurthe-et-Moselle.

Conques, un village dans l'Aveyron.

Et toi, où habites-tu ? Décris ta ville, ton quartier, ton village.

Le coin des artistes

Je découvre des poèmes

Je rêve...

Je rêve que les gratte-ciel
lorsqu'ils s'ennuient
chatouillent les nuages
et les font rire
jusqu'aux larmes

Jean Elias, *Les rêves s'affolent*,
Éditions Motus, 2013.

★ Le monde

Je peux voir de ma fenêtre le reste de la ville en bas
Je peux voir les lumières s'allumer chez les gens
et les réverbères clignoter tous ensemble
et les phares des voitures sur le périphérique

Je peux voir que d'un côté parce que de l'autre
c'est mes voisins.

Je peux voir le parking et les balançoires
et le feu rouge au carrefour si je me penche
contre la vitre.
Je peux voir les enfants
comme moi
qui regardent par la fenêtre dans la tour en face.
Je peux voir aussi loin que le mur en face.

Je peux voir les yeux fermés la même chose la nuit.

Les nuages passer au-dessus de la ville
et
s'accrocher dans les antennes.
(…)

© Sébastien Joanniez

Je découvre une œuvre

*Décris cette maison.
Qu'a-t-elle de particulier ?*

Villa Savoye, Le Corbusier.

La *Villa Savoye* est une habitation créée en 1930 par l'architecte Le Corbusier, pour une riche famille de la région parisienne.

Le Corbusier est un grand architecte du XXᵉ siècle, qui a influencé beaucoup d'artistes. Il est connu dans le monde entier. Il a aussi conçu des immeubles collectifs, par exemple la Cité radieuse, que les Marseillais ont surnommée « la Maison du fada ».

Le coin bibliothèque

Little man

C'est l'histoire de Cassius, un petit garçon venant d'Afrique, qui a émigré à New York parce que c'est la guerre dans son pays. Retenu au port avec d'autres immigrants derrière un grillage, il traverse New York en rêve, avant d'y entrer pour de bon.

Antoine Guilloppé, © Gautier-Languereau, 2014

Louise de New York, la détective

Louise est une dame un peu excentrique, mais aussi un grand détective réputé. Aujourd'hui, elle mène l'enquête au cœur de New York pour savoir qui a plongé tout le quartier dans le noir.
Une aventure qui réserve bien des surprises !

Jean Poderos et Gaia Guarino, © Éditions Courtes et longues, 2013

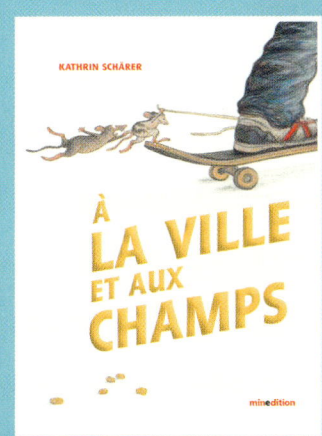

À la ville et aux champs

Le rat des villes rend visite au rat des champs qui lui montre avec fierté les plaisirs de la vie à la campagne. Puis c'est au tour du rat des villes. Mais que vont-ils préférer ? Un album inspiré de la fable d'Ésope.

Kathrin Schärer, © Minedition, 2014

Cherche et trouve dans la ville

De la banlieue au centre-ville, en passant par le parc, le musée ou l'école... tout ce qu'on trouve dans une ville est réuni dans cet album géant.
Un livre-jeu, où les illustrations fourmillent de détails, alors ouvrez l'œil !

Thierry Laval et Yann Couvin, © Seuil Jeunesse, 2014

Je révise

Je lis des mots connus

un appartement – un immeuble – un disque – un hautbois
un morceau de jazz – une collection – des doigts de pieds
elle fredonnait – il grignotait

Je lis des syllabes connues

lè – prè – chè – tê – rê – mai – brai – pei – let – ney
fa – fi – fou – fau – fran – four – fé – frai – pha – pho
ca – cou – clan – cri – cro – crai – qui – quai – quan – ki
poi – toi – loi – soi – boi – coi – froi – ploi – troi – voir

Je déchiffre

même – qui – aucune – moi – soi – quoi
une semaine – une rivière – une mairie – un mouchoir – un élève – une fenêtre
un enfant – un carré – une caravane – un trottoir – un devoir – un cartable
un endroit – un chêne – un téléphone – un chiffon – du lait – une clémentine
vêtir – finir – souffler – commencer – recevoir – boire

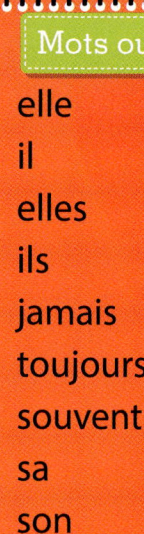

Mots outils

elle
il
elles
ils
jamais
toujours
souvent
sa
son
ses

Je lis un nouveau texte

Paris est la capitale de la France. C'est une grande ville, avec ses quartiers, ses commerces, ses avenues animées, ses monuments, ses parcs, ses spectacles…
Quand on se promène en bateau-mouche, on peut voir la tour Eiffel, le musée du Louvre, ou encore l'Institut du monde arabe. Quand on est pressé, on prend le métro qui transporte les voyageurs dans tous les quartiers parisiens.

★ Je lis le résumé de l'histoire

Herman et Rosie habitaient dans deux immeubles voisins, dans une rue d'une grande ville très animée. Herman jouait du hautbois ; Rosie chantait.
Un beau jour, Herman perdit son travail. Rosie ne pouvait plus chanter au club de jazz, car personne ne venait l'écouter. Tous les deux étaient tristes, si tristes qu'Herman ne jouait plus de hautbois et que Rosie ne chantait plus.
Un matin, ils décidèrent de sortir se promener. En rentrant, Herman joua de nouveau du hautbois, Rosie adorait ce petit air de jazz. Elle bondit, grimpa, sauta pour suivre cet air. C'est ainsi que Rosie trouva Herman et que Herman trouva Rosie, pour la vie.

Châteaux, princes et princesses

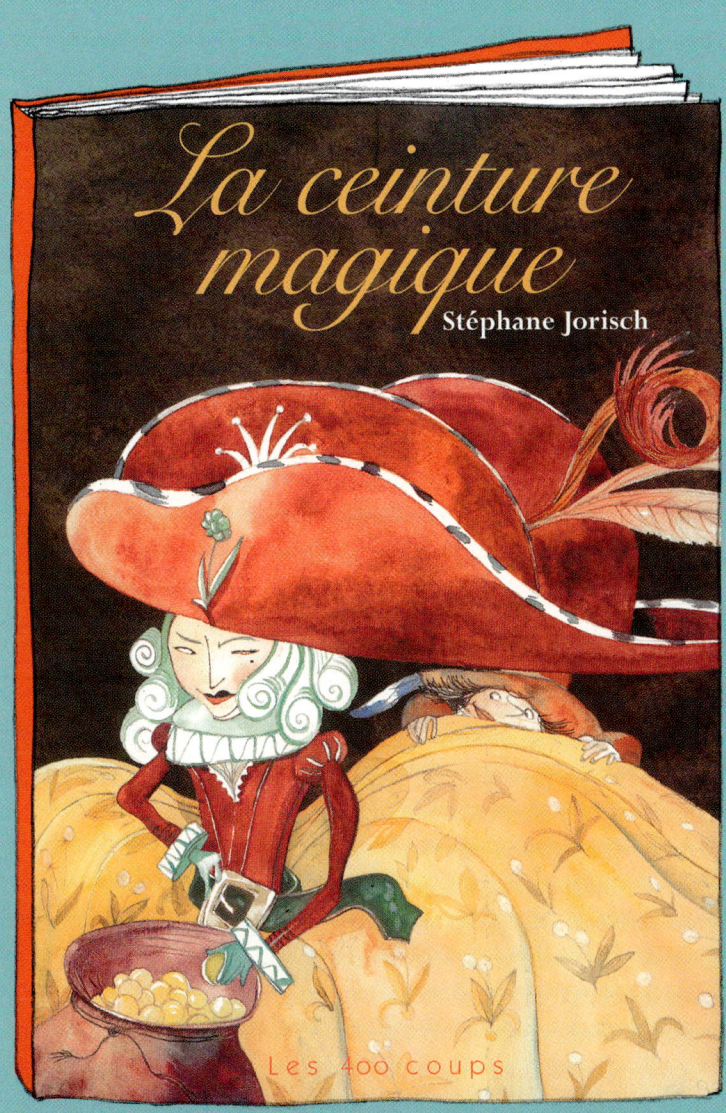

Stéphane Jorisch

a commencé à dessiner très jeune. Son talent, il le tient de son père qui créait des bandes dessinées en Belgique. Il est également directeur de collection aux éditions Les 400 Coups.

Il a illustré aussi :
Casse-Noisette, Lucie Papineau, éditions Alexandre Stanké, 2016.
Un trésor dans mon jardin : chansons, contes et comptines, Gilles Vigneault, éditions La Montagne secrète, 2008.

Claudine Vivier

peint, depuis une quinzaine d'années, le monde qui l'entoure. Elle est traductrice depuis 1985 et a reçu un prix pour sa traduction d'*Un cadavre au sous-sol*.

Elle a écrit et illustré aussi :
Le Voyage de Qimmik, éditions Les 400 Coups, 2003.

Un jour, dans un lointain royaume, un père laissa à ses fils un étrange héritage. L'aîné reçut un sac de 100 000 pièces d'or ; le cadet, une corne où il suffisait de souffler pour qu'apparaisse une troupe de 100 000 soldats ; et le plus jeune, un garçon nommé Petit-Jean, un vieux ceinturon magique qui lui permettait d'aller où il voulait.

Petit-Jean boucla la ceinture autour de sa taille et se redressa, tout fier.

– Bientôt, je serai grand, dit-il. Et j'irai voir cette belle princesse dans le château derrière les montagnes.

– N'y va pas ! l'avertit le cadet. Elle est aussi méchante que belle, et très cupide.

Trop tard. On entend un « pouf ! »… et Petit-Jean se retrouve dans une chambre somptueuse tendue de soie, devant la belle princesse qui le regarde avec des yeux ronds.

– Que fais-tu ici ? demande-t-elle en l'examinant de la tête aux pieds. Trouve une bonne raison, sinon, gare à toi !

– Je… Je… Je ne voulais pas vous faire peur, bafouille Petit-Jean. J'ai simplement bouclé ma ceinture et souhaité vous voir, vous, la célèbre prin…

– Montre-moi cette ceinture, coupe la princesse. Elle la lui prend des mains et, vite, sort de la pièce sans un mot de plus. Quant à Petit-Jean, il est chassé du château à coups de pied au derrière. Et il lui faut trois jours pour rentrer chez lui, où il arrive épuisé et affamé.

Je découvre l'illustration

Quels personnages voit-on p. 34 et p. 35 ?
Que font-ils ?

Je comprends l'histoire

Qu'est-ce que l'héritage a d'étrange ?
Pourquoi Petit-Jean va-t-il chez la princesse ?
Que peut-on dire de lui ?

Je raconte

Connais-tu une autre histoire où apparaissent des objets magiques ? Laquelle ?

Étude de la langue

J'observe le sens des mots

• *Pourquoi les mots sont-ils classés de cette façon ?*

| botte | bague | casquette |
| soulier | broche | bonnet |

Mots outils

ce
cet
cette

• *Quels mots peux-tu ajouter dans chaque catégorie ?*
• *Quel nom peux-tu donner à chaque catégorie ?*

J'observe la forme des mots

• *Observe chaque ligne. Que remarques-tu ?*
• *Observe chaque colonne. Que remarques-tu ?*

Petit-Jean arrive.	La princesse arrive.	Petit-Jean et la princesse arrivent.
Il passe.	Elle passe.	Ils passent.
Il trouve.	Elle trouve.	Ils trouvent.

Entraînement

★ Je lis un nouveau texte

À sa mort, un meunier laissa tout ce qu'il avait à ses trois fils : son moulin, son âne et son chat. L'aîné des enfants eut le moulin, le second l'âne et le plus jeune le chat. Ce dernier ne pouvait se consoler de n'avoir qu'un si pauvre lot.
– Mes frères pourront gagner leur vie confortablement en se mettant ensemble. Mais moi, lorsque j'aurai mangé mon chat, il ne me restera rien !

D'après *Le Chat botté* de Charles Perrault.

Étude du code : la lettre c

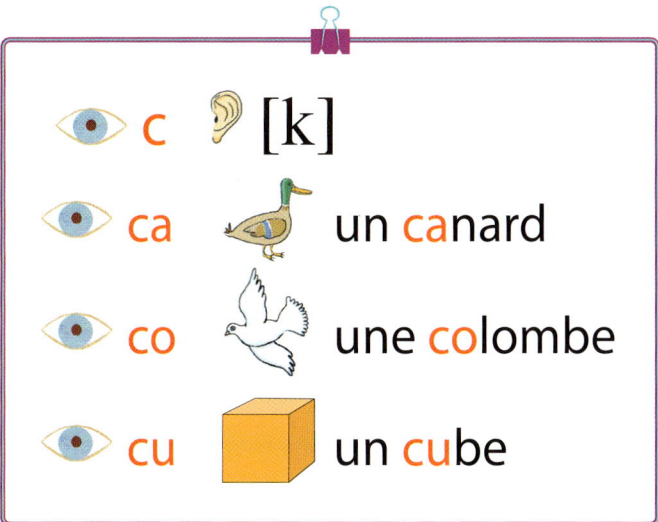
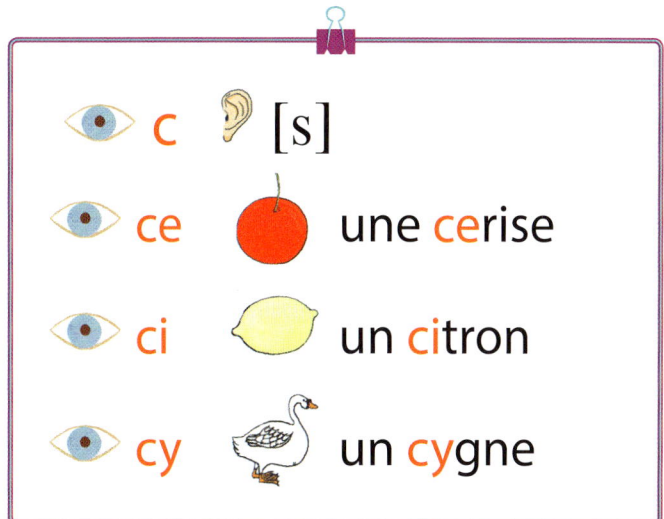

Je relis

[k]   un **c**oup – **c**ouper

[s]   une **c**einture – une prin**c**esse – une piè**c**e – **c**élèbre

Je lis des syllabes

cai → une **cai**sse   **cau** → un **cau**chemar   **can** → une **can**tine
cou → beau**cou**p   **cor** → un **cor**beau   **cu** → au**cu**ne

cé → **cé**der   **ceau** → un souri**ceau**   **cen** → un **cen**time
ci → le **ci**néma   **cir** → un **cir**que   **cy** → un **cy**cliste

Je m'entraîne

can – coi – cen – ci – cam – cou – cer – ce – cy – cé – cau – ceau – cor

Je déchiffre

ce – ceci – cela – celui – celui-ci – celui-là
un fabricant – un concours – un coude – un lacet – un bocal – un colis
une capucine – une citronnade – le chocolat – une école – un conte
coiffer – lancer – écouter – camper – roucouler – avancer

– Oh! Petit-Jean, lui dit son frère aîné en apprenant l'histoire, cette princesse est un vrai démon! Tiens, prends ce sac et va lui demander ce qu'elle veut en échange de ta ceinture. Mais ne lui dis pas combien d'or il contient, sinon elle va tout prendre.
Petit-Jean promet d'être prudent et remercie son frère.
Le lendemain, il prend le chemin du château, avec le lourd sac d'or sur l'épaule.

La belle princesse, qui le voit arriver de loin, descend dans son jardin.
– Que veux-tu? demande-t-elle à Petit-Jean.
– Je… Je… Je suis venu vous offrir un sac d'or, en échange de ma ceinture.
– Ne fais pas l'idiot, rétorque la princesse. Comment pourrais-tu posséder une telle fortune? Fais-moi voir ce sac…
Elle l'ouvre, voit les pièces d'or et, vite, tend le sac à son valet.
– Je vais réfléchir… dit-elle.
Et Petit-Jean est encore une fois jeté dehors comme un malpropre. Au retour, son fardeau s'est allégé, mais il a le cœur lourd. Il lui faut six jours pour arriver chez lui, épuisé et affamé.

– Mais c'est une blague ! gronde son frère cadet en apprenant l'histoire. Fais donc attention la prochaine fois ! Je te donne mes 100 000 soldats pour t'escorter, mais promets-moi de te montrer intraitable. Et ne reviens pas sans la ceinture, et toutes les pièces d'or ! Petit-Jean promet. Il prend la corne et repart, escorté des 100 000 soldats, pour affronter la belle et méchante princesse.

Du haut du rempart sud, celle-ci admire le paysage quand elle s'aperçoit, soudain, que son royaume fourmille de soldats. Puis elle remarque Petit-Jean. Il n'a pas changé depuis la dernière fois, sauf qu'il porte une corne en bandoulière et affiche un air déterminé.

Je découvre l'illustration

Qui voit-on p. 38 ? Plusieurs signes montrent l'émotion des personnages : lesquels ?
Que fait Petit-Jean p. 39 ?

Je comprends l'histoire

Pourquoi Petit-Jean a-t-il le cœur lourd ?
Que peut-on dire de la princesse ?
Que penses-tu du héros et du comportement de ses frères ?

Je donne mon avis

Si tu pouvais choisir, qu'aimerais-tu recevoir en héritage : une ceinture magique ou un sac d'or ? Pourquoi ?

Étude de la langue

Mots outils
ma
ta
sa

J'observe le sens des mots

- *Observe ces couples d'images. Que remarques-tu ?*

- *Lis maintenant ces couples de mots. Que remarques-tu ?*

gentil – méchant   riche – pauvre   célèbre – inconnu

- *Connais-tu d'autres couples de mots que l'on pourrait ajouter ?*

J'observe la forme des mots

- *Observe chaque ligne. Que remarques-tu ?*
- *Observe chaque colonne. Que remarques-tu ?*

Petit-Jean arrivait.   La princesse arrivait.   Petit-Jean et la princesse arrivaient.

Il passait.   Elle passait.   Ils passaient.

Il trouvait.   Elle trouvait.   Ils trouvaient.

Entraînement

★ Je lis de nouvelles phrases

L'aîné est le fils le plus âgé d'une famille.
Le cadet est celui qui est né juste après l'aîné.
Le benjamin est le fils le plus jeune.

Dans une famille où il y a trois sœurs, on les appelle l'**aînée**, la **cadette** et la **benjamine**.

Valentin (8 ans), Lauréan (10 mois) et Laurentin (5 ans).

Étude du code [ʒ]

Comptine

Les nuages de janvier
sont joyeux et enneigés.
Les nuages du mois de juin
jouent sur les jolis jardins.
Les nuages du jeudi
sont toujours les plus gentils
et en juillet, les nuages
sont sages comme des images.

[ʒ]   g G g G
une girafe   une girafe

j J j J
une jupe   une jupe

Je relis

[ʒ]   Jean – un échange

Je lis des syllabes

ge → un **ge**nou	gi → ma**gi**que	gen → une lé**gen**de
gé → la **gé**ométrie	gê → **gê**ner	gir → rou**gir**
ja → un **ja**velot	jo → **jo**li	ju → le **ju**do
jar → **jar**diner	jou → **jou**er	jau → **jau**ne

Je m'entraîne

jou – ci – ju – gi – cam – gir – cou – ja – gê – jam – je – gen – ce

Je déchiffre

jamais – jadis – justement – largement
un nuage – une cage – une plage – le chauffage – un carrelage – du cirage
une luge – l'argent – un journal – un jambon – une jambe – une angine
ranger – décourager – neiger – imaginer – agiter – ajouter – gémir

Alors la princesse lui dit avec un sourire :
– Fais-moi voir cette corne, Petit-Jean…
Et, vite, avant que Petit-Jean ait pu dire ouf!… elle souffle dans la corne et toute l'armée disparaît.
– Rendez-moi ma corne, crie Petit-Jean.
– Je vais réfléchir… répond la princesse en tournant les talons.
Le pauvre Petit-Jean est si déconfit qu'il s'enfuit à toutes jambes.
Petit-Jean court, court comme un fou jusqu'à ce qu'il arrive dans un étrange verger.
« Mon cher père, implore-t-il, regarde ce que j'ai fait de ton héritage! Et j'ai trahi la confiance de mes frères. Comment vais-je pouvoir me réconcilier avec eux ? »

Affamé, Petit-Jean remarque alors un arbre, couvert de belles pommes luisantes. Il en cueille trois qu'il se met à croquer. Quand il les a toutes mangées, il a l'impression bizarre que son nez a changé. Mais oui! il s'est épaissi, il a grandi, il s'est allongé, allongé… Petit-Jean ne trouve pas ça drôle! C'est alors qu'il aperçoit un autre arbre, couvert celui-là de prunes bleues bien mûres. Il en cueille trois et commence à les manger.

Au début, son nez le gêne beaucoup. Mais au bout de la troisième prune, il se met à rétrécir, rétrécir… pour finalement reprendre sa taille normale.
Soudain Petit-Jean a une idée, une idée extraordinaire, une idée géniale, une idée si méchante qu'elle lui fait presque peur!
Trois heures plus tard, le voilà devant le château de la belle princesse.
Elle le regarde arriver du haut de sa fenêtre.
– Qu'y a-t-il d'aussi luisant dans ton panier?
demande-t-elle. Fais-moi voir un peu.
Elle descend, prend trois pommes et, vite, s'en retourne dans son château.
Petit-Jean, déguisé, s'installe près des portes du château. Trois heures encore passent.
Il aperçoit la belle princesse à sa fenêtre, le visage couvert d'un voile.

Je découvre l'illustration

Que fait Petit-Jean p. 42 ?
D'après toi, que se passe-t-il p. 43 ?

Je comprends l'histoire

Pourquoi Petit-Jean s'adresse-t-il à son père ?
D'après toi, quelle est l'idée du héros ?
À ton avis, pourquoi la princesse porte-t-elle un voile ?

Je raconte

Connais-tu une autre histoire où le nez du héros s'allonge ? Et une histoire où des fruits ou des légumes jouent un rôle ?

Étude de la langue

Mots outils

mon
ton
son

J'observe la forme des mots

• *Observe ces images. Peux-tu nommer l'arbre et le fruit ?*

• *Lis maintenant ces couples de mots. Que remarques-tu ?*

| poire | olive | châtaigne |
| poirier | olivier | châtaignier |

• *Connais-tu d'autres couples de mots que l'on pourrait ajouter ?*

J'observe les mots dans la phrase

• *Lis ces phrases. Qu'ont-elles de particulier ?*

L'armée reste-t-elle près du château ?   La princesse rend-elle la corne à Petit-Jean ?

Petit-Jean cueille-t-il des pommes ?   Les prunes font-elles rétrécir le nez du héros ?

Entraînement

★ **Je lis un nouveau texte**

Pinocchio, bien mal en point, revint à lui grâce à la Fée. Il raconta ce qui lui était arrivé : les brigands voulaient lui prendre ses pièces. Heureusement, celles-ci étaient cachées dans sa bouche.
– Ces pièces, où sont-elles maintenant ? questionna la Fée.
– Je les ai perdues !
Mais les pièces étaient dans la poche de Pinocchio… Aussitôt le mensonge dit, son nez commença à s'allonger.

D'après *Pinocchio* de Carlo Collodi.

Étude du code [z]

Comptine

Allô, allô !
Zéro, un, seize,
douze, treize,
zéro, zéro ?
Monsieur Basile Loiseau ?
J'ai posé dans ma valise
votre chemise grise.
Excusez-moi
c'est une méprise !

[z] S s
un oiseau
un oiseau

z Z z Z
O zéro zéro

Je relis

 [z]   bi**z**arre – lui**s**ante – troi**s**ième

 [z]   un nez

Je lis des syllabes

zè → un **zè**bre   **zar** → un ba**zar**   **zer** → bron**zer**   **zon** → l'hori**zon**

Je m'entraîne

ze – ci – jou – zé – cau – zon – cou – zou – ge – jam – zi – cen – zo – ce

Je déchiffre

horizontal – bizarre
onze – douze – treize – quatorze – quinze – seize
un museau – du poison – une cousine – une chemise – une framboise
la musique – un zoo – une fraise – une usine – une case – un vase – le hasard
hésiter – arroser – cuisiner – visiter – diviser – amuser – zozoter

 Arrive alors en calèche le médecin royal vêtu de sa robe noire, un grand sac à la main. Mais, trois minutes plus tard, le voilà qui remonte dans sa calèche en se frottant le bas du dos.

– La princesse est très malade, chuchotent les servantes, les gardes et les laquais, que la nouvelle ne semble pas beaucoup attrister.
Petit-Jean s'approche.
– Je suis un médecin ambulant, annonce-t-il. Je guéris les malades avec des herbes et des racines exotiques. Laissez-moi examiner la princesse.

En entendant parler de l'étranger, la belle princesse ordonne aussitôt qu'on le conduise à sa chambre. Petit-Jean aperçoit alors le nez énorme, interminable, gigantesque de la princesse.
– Qu'as-tu fait ? gémit-elle en reconnaissant Petit-Jean. Regarde mon nez !
– Je peux essayer de vous guérir de cette calamité. Mais il faudra d'abord me rendre la corne de mon frère.
La princesse la lui rend en échange d'une des prunes qu'il a dans son panier. Elle croque le fruit et son nez commence à rapetisser.
– Ce n'est pas assez ! crie-t-elle.
– Alors, rendez-moi le sac d'or, répond Petit-Jean.
Elle le lui rend en échange d'une autre prune. Et son nez rétrécit encore.
– Ce n'est pas assez, hurle-t-elle. Je suis toujours aussi laide.
– Alors rendez-moi ma ceinture ! dit Petit-Jean.
Elle lui tend la ceinture qu'il s'empresse de boucler, au cas où…
Puis il regarde dans son panier. Encore des pommes, mais plus de prunes.
– C'est fini, annonce-t-il.
Furieuse, la princesse appelle les gardes, mais Petit-Jean porte la main à sa ceinture et… «pouf !»… le voilà chez lui en trois secondes !
Petit-Jean et ses frères vécurent heureux, pas éternellement bien sûr, mais pendant de longues et belles années.
Et que devint la belle princesse ?
La princesse ? Qui saurait le dire ?…

Épisode 4

Je découvre l'illustration

Qu'arrive-t-il au personnage de la p. 46 ?
Qui reconnaît-on p. 47 ? Que se passe-t-il ?

Je comprends l'histoire

D'après toi, pourquoi le médecin se frotte-t-il le bas du dos ?
Pourquoi Petit-Jean se présente-t-il comme un médecin ambulant ?
Quel personnage a changé ?

Je donne mon avis

Trouves-tu cette fin satisfaisante ? Pourquoi ?
Quelle autre fin pourrait-on imaginer ?

Étude de la langue

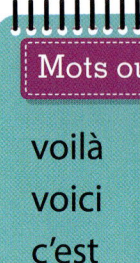
Mots outils

voilà
voici
c'est

J'observe les mots dans la phrase

• *Quelles sont les phrases que tu peux mettre ensemble ? Pourquoi ?*

1. Comment le médecin arrive-t-il ?
2. Le médecin porte un grand sac.
3. Que porte le médecin ?
4. Le médecin arrive en calèche.

• *Observe ces phrases. Que remarques-tu ?*

Pourquoi le médecin se frotte-t-il le bas du dos ?   Qui est le médecin ambulant ?

J'observe la forme des mots

• *Observe ces images.
Comment appelle-t-on ces personnes ?*

• *Lis maintenant ces familles de mots. Que remarques-tu ?*

poste	banque
postière	banquier
postier	banquière

• *À quelle famille de mots peux-tu rattacher chacun des mots suivants ?*

jardin – cuisine – hôtel – course

Entraînement

⭐ **Je lis un texte documentaire**

Autrefois, les personnes se déplaçaient avec des voitures tirées par des chevaux.
Il y avait la calèche, le carrosse, le fiacre, le landau, le cabriolet…
Certains de ces noms sont toujours utilisés, par exemple le cabriolet, qui est une voiture décapotable.

Étude du code [ɛ̃]

Episode 4

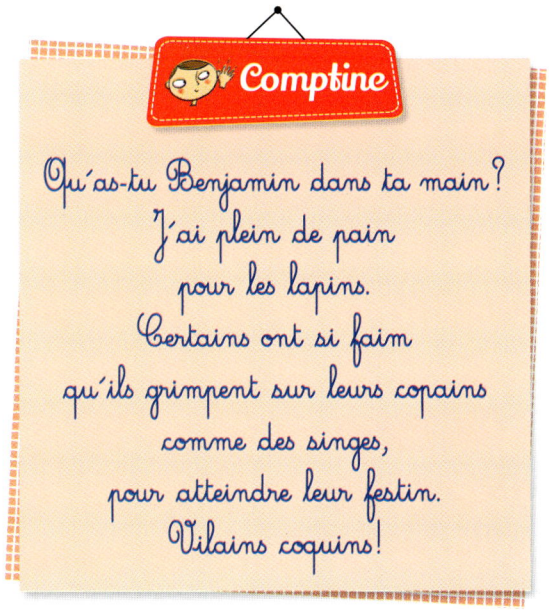

Comptine

Qu'as-tu Benjamin dans ta main ?
J'ai plein de pain
pour les lapins.
Certains ont si faim
qu'ils grimpent sur leurs copains
comme des singes,
pour atteindre leur festin.
Vilains coquins !

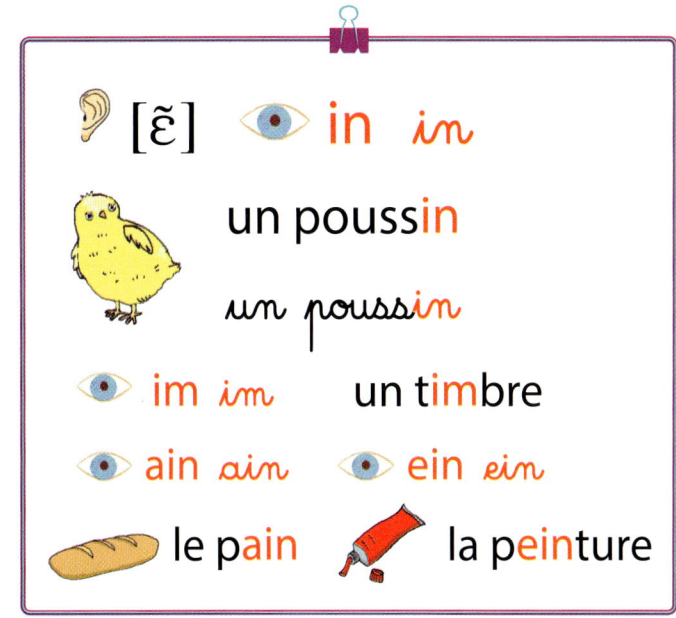

[ɛ̃] in *in*

un poussin

un poussin

im *im* un timbre

ain *ain*   ein *ein*

le pain   la peinture

Je relis

 [ɛ̃]   un médecin – une princesse – la main – une ceinture

Je lis des syllabes

min → mince	lin → un câlin	pin → un pépin
din → un dindon	phin → un dauphin	im → impossible
sim → simple	main → demain	vain → un écrivain
pain → un copain	tein → teindre	pein → un peintre

Je m'entraîne

tim – zé – cein – prin – ge – tin – jou – bain – dain – lin – ju – fin – lain

Je déchiffre

en train de – soudain – ainsi – plein – impoli – important – intéressant
cinq – cinquante – quinze
un frein – un cintre – un félin – une main – un chimpanzé – une pince
un prince – un poulain – un coussin – une dinde – un bain
insulter – inscrire – insister – teindre – inventer

49

Lire pour se documenter

L'Histoire ou des histoires ?

Il faut faire la différence entre l'Histoire qui présente ce que l'on sait du passé et les histoires qui racontent des aventures inventées avec des personnages qui n'ont jamais existé.

D'après toi, quels sont les personnages qui appartiennent à l'histoire de France et ceux qui sont des héros d'histoires inventées ?

Statue de Vercingétorix par Frédéric-Auguste Bartholdi (1870)

Vercingétorix était le fils d'un chef gaulois. Il a tenté de repousser le Romain Jules César qui envahissait la Gaule.

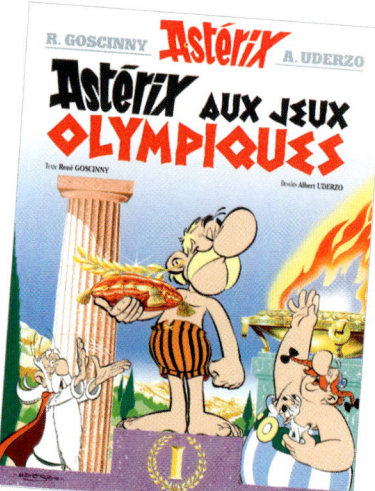

Astérix et Obélix sont deux personnages de bande dessinée. Grâce à une potion magique, ils peuvent repousser les Romains qui attaquent leur village.

Illustration de Gustave Doré (1867)

Barbe-Bleue est le personnage principal d'un conte populaire rendu célèbre par Charles Perrault.

Portrait de Louis XIV par Hyacinthe Rigaud (1701)

Louis XIV était roi de France. Il était aussi appelé le Roi-Soleil. Il a commandé la construction du château de Versailles.

L'Histoire et ses châteaux

Tout au long de l'histoire de France, de nombreux châteaux ont été construits…

Quelles différences vois-tu entre ces châteaux ?

Château de Bonaguil (XIe siècle)

Comme tous les châteaux forts, **le château de Bonaguil** a été construit pour résister aux attaques des ennemis.

Château de Chambord (XVIe siècle)

Château de Vaux-le-Vicomte (XVIIe siècle)

Le château de Chambord a été construit à la demande de François Ier. De tous les châteaux de la Loire, il est le plus reconnaissable par ses nombreuses cheminées.

Le château de Vaux-le-Vicomte appartenait à Nicolas Fouquet. Il a accueilli le roi Louis XIV mais aussi Jean de La Fontaine.

Le coin des artistes

Je découvre des poèmes

Le Temps des contes

S'il était encore une fois
Nous partirions à l'aventure,
Moi, je serais Robin des Bois,
Et toi tu mettrais ton armure.
Nous irions sur nos alezans
Animaux de belle prestance,
Nous serions armés jusqu'aux dents
Parcourant des forêts immenses.
S'il était encore une fois
Vers le château des contes bleus
Je serais le beau-fils du roi,
Et toi tu cracherais le feu.
[…]

Georges Jean

★ Héron

Habiter près du lac,
    au détour du château
Et tenter de pouvoir
    délivrer la princesse,
Rêvaient depuis toujours
    deux échassiers cendrés.
Or, le donjon fut pris
    – ou son reflet dans l'eau –
Nos fiers hérons, sans haine,
    devinrent des héros.

Paul Bergèse,
dans Le Rhinocéros amoureux,
© Pluie d'étoiles éditions, 2002.

Je découvre une œuvre

Que vois-tu sur ce tableau ?
Quelles formes Paul Klee a-t-il utilisées ?
Que penses-tu du titre de cette œuvre ?

Château au soleil couchant
de Paul Klee

Le soleil, que l'on peut voir au centre, rayonne et illumine l'ensemble du tableau. Le soleil est un élément que l'on retrouve souvent dans les tableaux de Paul Klee.
Dans ce tableau, on a l'impression que certains éléments vont sortir de la toile comme si elle n'était pas assez grande pour les contenir !

Paul Klee

Le coin bibliothèque

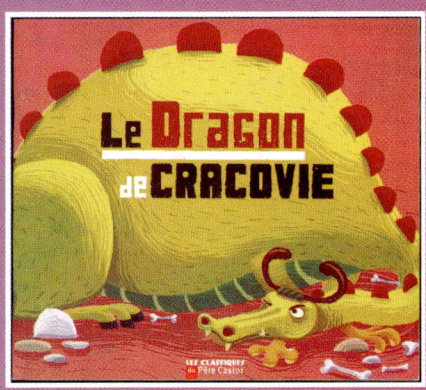

Le Dragon de Cracovie

Quand un dragon dévaste le pays, à qui faire appel, sinon aux meilleurs chevaliers ? Mais quand ils échouent, le roi n'a plus qu'à promettre la main de la princesse à celui qui saura l'en débarrasser, même si c'est un simple cordonnier…

Albéna Ivanovitch-Lair et Gwen Keraval, © Père Castor-Flammarion, 2007.

Coco Panache

Lorsque Coco le corbeau découvre dans son grenier un costume de chevalier, il voit son rêve réalisé. Son ami, le chien Paluchon, acceptera de jouer le rôle du cheval… Mais à quel ennemi vont-ils bien pouvoir s'attaquer ?

Catharina Valckx, © L'École des loisirs, 2006.

Le Chevalier qui cherchait ses chaussettes

Il était une fois un chevalier qui, en se réveillant de sa sieste, s'aperçut qu'il avait perdu ses chaussettes… Certes, ce n'est pas si grave. Mais comment délivrer la princesse dans ces conditions ?

Christian Oster et Pascal Lemaître, © L'École des loisirs, 2007.

Le Mystérieux Chevalier sans nom

La mère de Violette meurt à sa naissance. Pour éduquer sa fille, le roi décide de faire pour elle comme pour ses frères : elle apprendra tout du métier des armes. Mais, une fois en âge de se marier, comment la décider à choisir un époux ?

Cornelia Funke et Kerstin Meyer, trad. Anne Bideault, © Bayard Jeunesse, 2006.

Je lis des mots connus

magique – une ceinture – une princesse – un démon
un médecin – un laquais – une calèche – examiner

Je lis des syllabes connues

cai – cau – can – cou – cor – ce – ci – ceau – cir – cé
ge – gi – gen – gé – gir – ja – ju – jou – jam – jau
zè – zi – za – zo – ze – zar – zer – zon – zou
min – lin – pin – din – prin – sim – main – dain – pein – tein

Je déchiffre

ceci – cela – jamais – soudain – onze – important
des ciseaux – un journal – une fraise – un jambon – un coude – un conte
une chemise – une cousine – du chocolat – une dinde – le chauffage
un genou – une main – un bain – un copain – un colis – un cirque – une plage
coiffer – écouter – ranger – visiter – cuisiner – arroser

Mots outils

ce
cet
cette

ma
ta
sa
mon
ton
son

voilà
voici
c'est

Je lis un nouveau texte

Autrefois, les châteaux forts n'étaient pas très confortables. Les pièces étaient froides et sombres, les fenêtres très étroites.
Dans ces châteaux vivaient le maître des lieux et sa famille, mais aussi des chevaliers, des soldats, des marchands, des pages, des bouffons…

★ Je lis le résumé de l'histoire

Petit-Jean reçut en héritage, à la mort de son père, un ceinturon magique. Celui-ci lui permettait d'aller où il voulait. Il désira aussitôt se rendre au château, derrière les montagnes, pour voir la belle princesse qui y résidait… Et sans le vouloir, il y arriva !
C'est ainsi qu'il fit la connaissance de cette princesse, certes très jolie, mais méchante et cupide, qui n'eut de cesse de lui prendre tous ses biens et ceux de ses frères.
C'est par la ruse et avec beaucoup de chance que Petit-Jean réussit à reprendre la totalité de l'héritage de son père, tout en donnant une bonne leçon à cette belle princesse.

Les enfants du monde

Clotilde Bernos

a fait de nombreux métiers avant d'écrire ou d'illustrer des ouvrages pour la jeunesse. Elle a été artisan, hôtesse de l'air, navigatrice, professeure de français à travers le monde…

Elle participe à des ateliers d'écriture et d'illustration dans les écoles primaires.

Elle a écrit aussi :
Moi, Ming, éditions Rue du Monde, 2002.

Elle a illustré aussi :
Ouaouaron le crapaud et la création du monde, François Beiger, Belin, 2004.

Elle a écrit et illustré aussi :
Suzie est la seule…, Lo Païs d'enfance, 2002.

Aujourd'hui, c'est dimanche.
Ti Tsing ira presque tout seul au marché.
Il n'y a plus que sa tante Fa pour l'accompagner.
Ses parents sont partis depuis longtemps pour
repiquer le riz, là-bas, dans les champs.

Pour Ti Tsing, dimanche est un jour merveilleux,
sans école, sans gymnastique, sans toutes ces heures
passées dans les rizières à assembler les petites
pousses ou chasser les oiseaux avec un bâton.
Ti Tsing a bien chaud, ce matin, sous sa couette.
Il compte, une à une, les fleurs du tissu.
Il rêve…

Tout à l'heure, il ira chez Liou Fang qui fabrique
des cerfs-volants grimaçants. Parmi eux, il y en a un différent.
On dirait un oiseau. Il est si beau !
S'il arrive à vendre au marché les cages à criquets qu'il a
fabriquées avec du bambou, le cerf-volant sera à lui.

Chaque dimanche, il court vers la boutique de Liou.
Son cœur bat fort : « Et si le cerf-volant avait disparu emporté
par un autre, on ne sait où ? Mais non. Depuis des mois,
il n'a pas bougé… » On dirait qu'il attend Ti Tsing
pour s'envoler.
Fa est déjà là sur sa bicyclette.
Kling, kling… tu viens Ti Tsing ?
Vite, il plie la couette.
En trois secondes, il met son pantalon, sa veste, attrape
ses sandales, son chapeau de paille et surtout les gros beignets
au gingembre que sa maman a préparés.
Fa n'aime pas attendre.

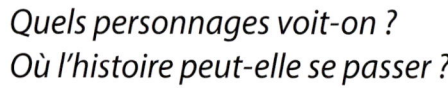

Je découvre l'illustration

Quels personnages voit-on ?
Où l'histoire peut-elle se passer ?

Je comprends l'histoire

*Dans la vie de Ti Tsing, qu'est-ce qui ressemble à la tienne ?
Qu'est-ce qui est différent ?
De quoi rêve Ti Tsing ?*

Je donne mon avis

*Qu'est-ce que tu préfères : faire les courses au marché, dans des boutiques ou des grandes surfaces ?
Pourquoi ?*

Étude de la langue

Mots outils

sans
avec

J'observe le sens des mots

• À quelle catégorie appartiennent les mots suivants ?

> bermuda   jupe   parka
> pantalon   veste
> chemise   anorak   polo

• Quels mots peux-tu regrouper ? Explique pourquoi tu les as regroupés ainsi.
• Quels mots peux-tu ajouter dans chaque catégorie ?

J'observe la forme des mots

• Observe chaque ligne. Que remarques-tu ?
• Observe chaque colonne. Que remarques-tu ?

Ti Tsing va au marché.   Ti Tsing et Fa vont au marché.

Il ira au marché.   Ils iront au marché.

Il allait au marché.   Ils allaient au marché.

Entraînement

★ Je lis une blague

Toto revient de l'école.
Sa mère lui demande :
– Comment s'est passé ton cours de gymnastique ?
– Mal, très mal ! Tu as oublié d'écrire mon nom sur mon maillot.
– Mais ce n'est pas grave ! dit maman.
– Ah bon ! Maintenant toute la classe m'appelle 100 % coton.

Inspirée d'une histoire de *Toto encore un zéro*, éditions Tourbillon.

Étude du code : la lettre s

👁 s 👂 [z]

 un blouson

 une chaise

 un visage

👁 s 👂 [s]

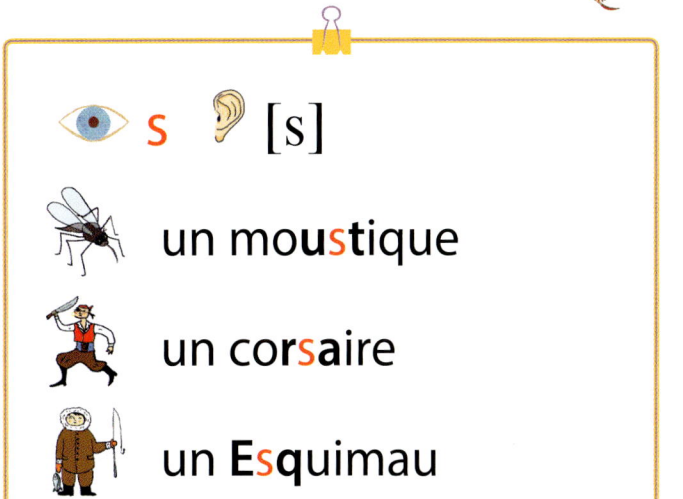

un moustique

un corsaire

un Esquimau

Je relis

👂 [z]   oiseau

👂 [s]   presque – gymnastique

Je déchiffre

juste – ainsi – bonsoir
un dentiste – un alpiniste – une histoire – un costume – un castor – une liste
un ourson – une cascade – une averse – un biscuit – du plastique – une capsule
danser – traverser – penser – basculer – consoler – poster

rose – grise – désolé
une maison – un paysan – la musique – une ardoise – une cuisine – un voisin
une bise – une fraise – une chemise – des ciseaux – un oiseau
arroser – épouser – apprivoiser – écraser – poser – visiter

Attention !   👂 [z]   👂 [s]
              un cousin   un coussin
              un désert   un dessert
              du poison   un poisson

> Je découvre l'illustration

Quels personnages voit-on ?
Que font-ils ?

> Je comprends l'histoire

Que sait-on de Couing ?
Pourquoi est-ce Fa qui accompagne Ti Tsing ?
Quelle est l'humeur de Ti Tsing ? Pourquoi ?

Épisode 2

Ti Tsing court à toutes jambes pour apporter les crevettes séchées, les cages à criquets, sans oublier son canard Couing qui vient toujours avec lui.
Il a dû supplier ses parents de ne pas le vendre au marché.
Tant et tant qu'ils ont fini par accepter de le lui donner.
Ti Tsing l'a apprivoisé. Couing est drôle. Quand il marche, on dirait qu'il danse et dans l'eau, il fait toujours le poirier.

Derrière le grand vélo de Fa est accrochée une carriole.
Fa est la seule à avoir un vélo comme ça.
Ti Tsing range ses cages et ses paniers entre les meubles de bambou que Fa a installés. Il reste juste une petite place pour Couing et pour lui. En route pour le marché.
Fa adore la vitesse. Sa bicyclette file sur la digue de terre qui domine le grand fleuve.
– Plus vite, plus vite ! crie Ti Tsing.
– Kling, kling ! tinte la sonnette.
– Coui, coui ! chante Couing.

Accroupis au milieu des rizières, les paysans tournent la tête, en souriant, sur leur passage.
Ils n'ont jamais vu une carriole pareille !
Ti Tsing cherche des yeux ses parents. Cachés sous leur large chapeau, il sait, quand même, les reconnaître.
– Les voilà ! Sonne, Fa, sonne !
Debout, prêt à tomber à chaque secousse, Ti Tsing agite les bras ; ses parents, pas plus gros que deux fourmis, lui répondent.
– Ils m'ont vu, Fa, ils m'ont vu !
Et pour Ti Tsing, c'est un bonheur.

Maintenant, Fa dévale la pente sans freiner et la carriole rebondit sur les cailloux.
Ti Tsing se tord de rire.
– Encore, encore…

J'explique

Que doit-on faire pour se déplacer à vélo en toute sécurité ?

Étude de la langue

J'observe le sens des mots

- *À quelle catégorie appartiennent les mots suivants ?*

> scooter   automobile   fourgonnette
> remorque   carriole
> autocar   bicyclette   cabriolet

Mots outils

sur
sous
au-dessus
en dessous

- *Quels mots peux-tu regrouper ? Explique pourquoi tu les as regroupés ainsi.*
- *Quels mots peux-tu ajouter dans chaque catégorie ?*
- *Pourquoi les deux mots ci-contre vont-ils ensemble ?*   train – tramway

J'observe la forme des mots

- *Observe cette série de mots. Que remarques-tu ?*

> chapeau – bateau – rouleau – château – râteau

- *Observe maintenant cette seconde série de mots. Que remarques-tu de différent ?*

> vélo – photo – moto – auto

- *À ton avis, pourquoi les mots ci-dessus se terminent-ils de cette façon ?*

Entraînement

★ Je lis un documentaire

Le monde et ses chapeaux

Le panama est un chapeau qui vient d'Amérique du Sud. Il est réalisé avec des matériaux naturels.

Le chapeau conique vietnamien est porté pour se protéger du soleil et de la pluie. Il est souvent fabriqué avec des feuilles de palmier.

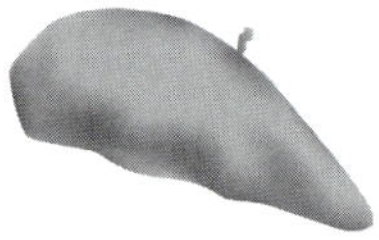

Le béret est un chapeau traditionnel français. Il est en laine feutrée. On le trouve dans de nombreuses régions.

Étude du code [g]

Comptine

Sur le quai de la gare,
Gaspard, un grand gaillard,
avec pour tout bagage une guitare,
guette le tortillard
qui mène à Grandvillars.
C'est agaçant, il est en retard !

[g] g G g G
une gazelle
une gazelle

gu Gu gu Gu
une guitare
une guitare

Je relis

[g] gros

[g] longtemps

Je lis des syllabes

ga → un ma**ga**sin	gau → à **gau**che	gan → un **gan**t
go → un escar**go**t	gou → une **gou**tte	gon → **gon**fler
gro → **gro**ssir	gu → une fi**gu**re	gue → une **gue**non
gli → **gli**sser	gui → **gui**der	guir → une **guir**lande

Je m'entraîne

gâ – gla – glou – gli – gra – gué – gro – gran – gri – gar – guer – gain – groi

Je déchiffre

vaguement – également – grand – égal – gris – longue
un dragon – une graine – un gâteau – un garde – un garçon – le gazon – un aigle
un tigre – une règle – une gare – un goûter – une agrafe – une blague – un ongle
gratter – garer – naviguer – glisser – grimper – sangloter – jongler – galoper

Malheureusement, à l'entrée du village, ils doivent ralentir et se faufiler dans le flot des bicyclettes et de la foule. Ils trouvent une place, en plein cœur du marché, à côté du marchand de thé.
Elle est juste assez grande pour tout installer, surtout les cages à criquets ! Devant, pour qu'on les voie bien.
Les gens ici sont si pauvres. Ils n'ont presque rien à manger. Alors qui pourrait s'intéresser à des criquets ?
Mais Ti Tsing est petit et il rêve.

D'abord, il ne voit pas le temps passer. Il doit surveiller Couing de très près. Son canard aime courir et chanter. Il pourrait s'égarer. Avec Fa, il vend les kilos de crevettes que son grand-père pêche dans le grand fleuve et même une petite table de bambou, mais personne ne veut de cage à criquets.
Ti Tsing attend.
Parfois, il lève les yeux vers Fa.

À la fin du marché, les paniers sont vides. Mais les cages sont toujours là bien alignées. Ti Tsing mordille son beignet. Il n'a pas faim. C'est comme s'il avait une cage coincée là dans son estomac. Alors, il raconte tout à Fa qui devient de plus en plus floue, à cause des larmes.

Déjà les villageois s'éloignent, balançant leurs paniers chargés de fruits et d'herbes parfumées.
Les vélos se dispersent. Les marchands, un à un, rentrent chez eux.
Ti Tsing entasse tristement ses cages dans la carriole. Couing a beau faire le clown en sautant autour de lui, il n'arrive pas à le consoler.
– Viens, dit Fa.
Tous deux poussent la bicyclette jusqu'au bout du village.
Soudain Fa s'arrête. Elle attrape les cages et, entraînant Ti Tsing derrière elle, pénètre chez Liou Fang.
Le vieux monsieur parle avec Fa longtemps, puis se dirige en bougonnant vers le cerf-volant-oiseau qu'il tend à Fa en échange des cages. Ti Tsing s'est dissimulé dans le coin le plus sombre. Il attend en tremblant.
– Voilà, dit Fa, le cerf-volant est à toi.

Épisode 3

Je découvre l'illustration

D'après toi, qu'arrive-t-il à Ti Tsing p. 64 ? Que voit-on p. 65 ?

Je comprends l'histoire

Que sait-on de la place où s'installent les personnages ?
Pourquoi Ti Tsing pleure-t-il ?
D'après toi, pourquoi le marchand bougonne-t-il ?

Je raconte

As-tu déjà eu très envie de quelque chose, par exemple en le voyant dans une vitrine ?

Étude de la langue

Mots outils

mes
tes
ses
leurs

J'observe le sens des mots

• *Observe les mots en gras. Qu'est-ce qu'ils ont en commun ?*

   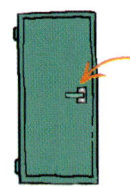   

l'**anse** d'un panier   la **poignée** d'une porte   le **manche** d'une casserole

• *Trouve d'autres objets pour lesquels on utilise l'un de ces trois mots.*

• *Quelle est la forme des anses ? Et celle des manches ?*

J'observe la forme des mots

• *Observe les mots en gras de chaque colonne. Que remarques-tu ?*

• *Observe les mots en gras de chaque ligne. Que remarques-tu ?*

Ti Tsing dit : « **Je trouve** une place. »   Ti Tsing et Fa disent : « **Nous trouvons** une place. »

Couing dit : « **Tu trouves** une place. »   Couing dit : « **Vous trouvez** une place. »

Ti Tsing cherche, **il trouve** une place.   Ti Tsing et Fa cherchent, **ils trouvent** une place.

Entraînement

★ Je lis un texte documentaire

Les criquets en Chine

En Chine, le criquet est un animal apprécié des hommes. On peut se le procurer sur les marchés. Il existe même des calebasses à criquets où l'on met ceux qui sont de bons « chanteurs ».

Étude du code [wɛ̃]

Comptine

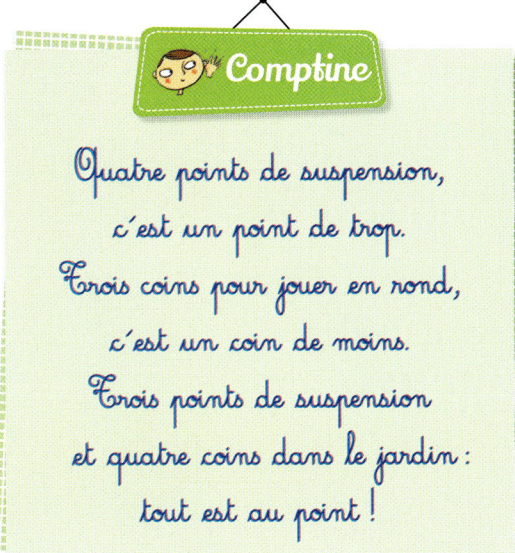

Quatre points de suspension,
c'est un point de trop.
Trois coins pour jouer en rond,
c'est un coin de moins.
Trois points de suspension
et quatre coins dans le jardin :
tout est au point !

[wɛ̃]   oin   oin

un poing   un poing

ouin   ouin

un pingouin

Je relis

[wɛ̃]   coincée

Je lis des syllabes

| loin → lointain | poin → un point | foin → du foin |
| soin → un soin | coin → coincer | moin → moindre |

Je m'entraîne

soin – poin – glou – loin – gra – moin – guer – foin – gou – coin – ga – gouin

Je déchiffre

loin – moins – néanmoins – pointue
un témoin – une pointe – un coin – un besoin – une pointure – un poinçon
un rond-point – un babouin – un adjoint
joindre – rejoindre – pointer

Ti Tsing prend dans ses bras le grand oiseau de papier.
La moitié de son visage est cachée par une aile et, maintenant, on ne voit plus que ses yeux qui rient. Fa fait des miracles.
Mais où est Couing ?
Ti Tsing pensait si fort au cerf-volant qu'il a complètement oublié son canard. Couing s'est enfui.
Aventurier comme il est, qui sait où il a pu aller ? Ils le cherchent dans les rues, les cours des maisons et dans toutes les boutiques du village. Ils le cherchent sur le port, au milieu des jonques et des bateaux à vapeur. Couing n'est nulle part.
Le soir commence à tomber.
– Il faut rentrer, dit Fa.
Ils reprennent leur marche à travers le village.

De grosses larmes coulent sur les joues de Ti Tsing et tombent sur son cerf-volant avec un bruit sec.
Quand ils atteignent la digue, Fa enfourche sa bicyclette et Ti Tsing saute dans la carriole.
Ils doublent les files des paysans qui rentrent des rizières d'un pas lent.
En bas, les lanternes des bateaux s'allument une à une et glissent sur le fleuve.
Soudain, au milieu des crissements de la carriole qui cahote sur le chemin, Ti Tsing croit entendre un cri : « Coui »… Entre les deux barreaux d'une chaise apparaît la tête de Couing. Les soubresauts l'ont réveillé. Il s'était tout simplement endormi au fond d'un panier.
– Coui, coui, chante Couing guilleret.
– Kling, kling, tinte la sonnette joyeusement.
– Plus vite, plus vite, crie Ti Tsing ragaillardi.
Il lâche son cerf-volant dans le vent. Fa tourne la tête.
Émerveillés, tous les trois regardent le grand oiseau multicolore planer puis s'élever haut, très haut, jusqu'au bout du ciel.

Que voit-on sur l'image du haut ?
Que se passe-t-il dans l'image du bas ?

Épisode 4

Je comprends l'histoire

Qu'est-il arrivé à Couing ?
Quelles sont les émotions successives de Ti Tsing ?
D'après toi, pourquoi lâche-t-il le cerf-volant ?

Je donne mon avis

Que penses-tu de la fin de l'histoire ?

69

Étude de la langue

J'observe le sens des mots

• À quelle catégorie appartiennent les mots suivants ?

baleinier	canot	catamaran
voilier	navire	
pirogue	jonque	cargo

Mots outil

à
au
du

• Quels mots peux-tu regrouper ? Explique pourquoi tu les as regroupés ainsi.
• Quels mots peux-tu ajouter dans chaque catégorie ?

J'observe la forme des mots

• Observe les mots en gras de chaque colonne. Que remarques-tu ?
• Observe les mots en gras de chaque ligne. Que remarques-tu ?

Ti Tsing dit :

« **Je cherchais** mon canard. »

« **Je sautais** dans la carriole. »

« **Je lâchais** mon cerf-volant. »

« **Je regardais** le grand oiseau. »

Fa dit à Ti Tsing :

« **Tu cherchais** ton canard. »

« **Tu sautais** dans la carriole. »

« **Tu lâchais** ton cerf-volant. »

« **Tu regardais** le grand oiseau. »

Entraînement

★ **Je lis un nouveau texte**

Quelques bateaux célèbres

La *Santa-Maria* était un navire de Christophe Colomb au temps des Grandes Découvertes.

Le *Titanic* était un paquebot anglais très moderne qui percuta un iceberg et coula en mer en 1912.

Pen Duick était le voilier d'Éric Tabarly, qui a disparu en mer en 1998.

Le Titanic

Étude du code : la lettre g

Épisode 4

👁 g 👂 [g]

👁 ga — un **ga**let

👁 go — un **go**belet

👁 gu — une vir**gu**le

👁 g 👂 [ʒ]

👁 ge — une ca**ge**

👁 gi — une **gi**rafe

👁 gy — un **gy**rophare

Je relis

👂 [g]   é**g**aré

👂 [ʒ]   le villa**g**e – un visa**g**e

Je lis des syllabes

gan → un **gan**t   **gau** → à **gau**che   **gai** → la **gai**eté
gou → une **gou**tte   **gon** → **gon**fler   **gu** → un lé**gu**me
gen → **gen**til   **gir** → réa**gir**   **gé** → en **gé**néral

Je m'entraîne

ga – ge – gli – moin – gro – gen – poin – gro – gis – gri – ger – guer – coin

Je déchiffre

largement – également
un gilet – un garage – une figure – un congé – le chauffage
un garagiste – un gigot – un gendarme – un garde – le courage – le goût
une orange – une gorge – un boulanger – un danger – du carrelage
organiser – ligoter – ranger – enneiger – mélanger – galoper

71

Lire pour se documenter

La vie des enfants sur les autres continents

Se nourrir

Ces enfants se nourrissent-ils tous de la même façon ?
Quelles différences remarques-tu ?

Au **Pérou**, un enfant et sa mère prenant leur repas assis sur le sol.

En **Corée**, une petite fille mangeant avec des baguettes.

En **Namibie**, un garçon buvant de l'eau dans un œuf d'autruche.

En **Inde**, des enfants mangeant avec leurs mains.

Jouer

Les jeux de ces enfants ressemblent-ils aux tiens ? Pourquoi ?

Au **Mali**, des vélos en bois créés par des enfants.

Au **Sri Lanka**, un enfant faisant voler un cerf-volant.

En **Sibérie**, un jeune garçon sur une balançoire.

Au **Vietnam**, des enfants en train de jouer aux osselets.

Le coin des artistes

Je découvre des poèmes

Cinq Continents

Cinq continents
Font la ronde
Autour du monde,
Avec les océans.
L'Europe et l'Afrique,
L'Afrique et l'Amérique,
L'Amérique et l'Asie,
L'Asie et l'Océanie.
Le monde est immense et si petit
Au milieu de l'infini.

Corinne Albaut, « Cinq Continents »,
© Corinne Albaut.

★Partout

Je suis un enfant de partout
un enfant de Paris, de Cotonou,
un enfant de l'ombre des montagnes
des plis rouges d'un pagne.
Je suis un enfant des nids de moineaux,
de Mulhouse, de Baltimore,
des petits bateaux de la baie de Rio
et pire encore
je suis un enfant de quelque part
né de l'amour entre la chance
et le hasard.
Un enfant avec un nom,
un prénom,
mais un enfant qu'on appelle Terrien
parce que, sans moi,
cette planète n'est rien.

Alain Serres,
Je suis un enfant de partout,
éditions Rue du monde, 2008

Je découvre une œuvre

Décris ce tableau.
À quoi te fait-il penser ?

La Colombe de la paix
de Pablo Picasso

Le peintre n'a dessiné que les contours de cette colombe pour montrer son mouvement.
Le regard est attiré par ce qu'elle transporte dans son bec. L'artiste voulait envoyer un message de paix dans le monde et peut-être nous rappeler le rameau d'olivier que rapporte la colombe dans l'arche de Noé.

Le coin bibliothèque

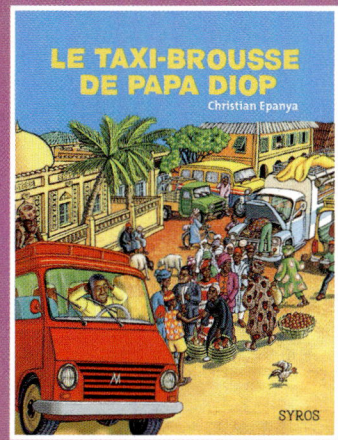

Le Taxi-Brousse de Papa Diop

Quand il ne va pas à l'école, Sène accompagne Papa Diop dans son taxi. De Saint-Louis à Dakar, c'est toujours une nouvelle aventure : un jour, on amène l'équipe de football, une autre fois une mariée, une autre fois c'est une naissance…

Christian Kingue Epanya, © Syros, 2005.

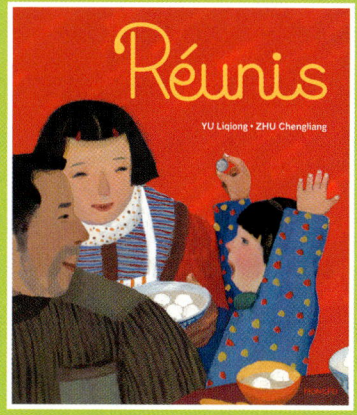

Réunis

À Suzhou, comme partout en Chine, les fêtes du Nouvel An sont un des temps forts de la vie de famille. C'est l'occasion de tous se réunir : même le père de famille, qui travaille au loin, sera là ! Les préparatifs, les retrouvailles, la traditionnelle danse du dragon et les jeux dans la neige, voilà de beaux souvenirs pour patienter jusqu'à l'année prochaine.

Yu Liqiong et Zhu Chengliang, trad. Chun-Liang Yeh, © Hong Fei Cultures, 2015.

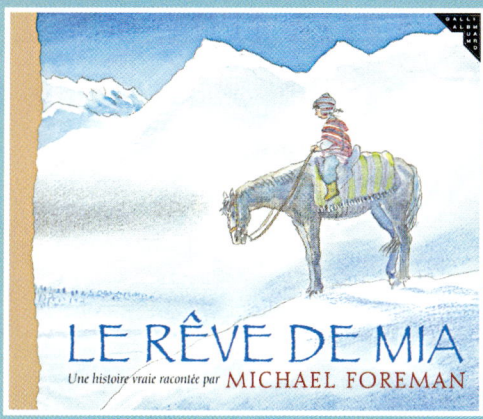

Le Rêve de Mia

Mia vit dans un village de la cordillère des Andes. La pauvreté n'entame pas son espoir. Partie à la recherche de son chien, elle découvre des fleurs somptueuses. Il lui vient une idée qui transformera sa vie et celle des siens.

Michael Foreman, trad. Anne Krief, © Gallimard Jeunesse, 2007.

Nouk qui s'envola

Nouk est jugé trop maladroit pour partir à la chasse. Les parents du jeune Inuit lui confient plutôt des tâches domestiques. Cela ne fait que grossir les rêves de Nouk, qui « se dit qu'un jour, il ramènera la grande ourse du ciel ».

Alain Serres et Nathalie Novi, © éditions Rue du Monde, 2008.

Je révise

Je lis des mots de l'histoire

une rizière – une carriole – une secousse – un criquet
un cerf-volant – une crevette – un beignet – une jonque

Je lis des syllabes connues

ga – gu – go – gou – gon – gli – gan – gui – guer
poin – loin – foin – soin – moin – coin – join – bouin – gouin
ge – gi – gy – gen – gir – gé – ger – gez – gym

Je déchiffre

gauche – longue – grand – loin – moins – également
un blouson – un point – une chaise – un coin – un dessert – un boulanger
un tigre – une horloge – un garçon – une ardoise – une orange – la musique
un gâteau – un rond-point – un goûter – un gilet – un légume – un garage
glisser – naviguer – sangloter – jongler – rejoindre – ranger

Je lis un nouveau texte

Découvre une histoire écrite par Thierry Dedieu : *Feng, fils du vent*.
En Asie, un jeune garçon nommé Feng se rend dans un monastère pour rencontrer le Maître des vents. Il est à la recherche du secret des cerfs-volants. Mais il faudra beaucoup de patience au jeune garçon pour approcher le mystère des cerfs-volants…

★ **Je lis le résumé de l'histoire**

Ti Tsing est en route pour le marché de la ville voisine avec sa tante Fa et son canard Couing. Il espère vendre assez de cages à criquets pour acheter le cerf-volant de ses rêves. Mais, sur le marché, les gens sont si pauvres qu'ils ne s'intéressent pas à ses cages.
La journée terminée, Fa entre dans la boutique du marchand de cerfs-volants. Le vieil homme bougonne, mais accepte d'échanger les cages contre le bel oiseau de papier.
Ti Tsing est ravi, mais il en a oublié Couing… Et voilà que le canard a disparu !
Heureusement tout finit bien, Couing est retrouvé, et Ti Tsing s'émerveille devant son cerf-volant multicolore qui s'élance vers le ciel.

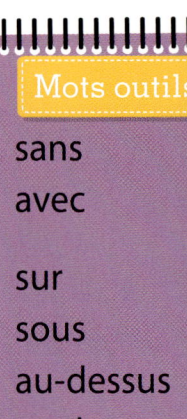

Mots outils

sans
avec

sur
sous
au-dessus
en dessous

mes
tes
ses
leurs

à
au
du

Le corps

Mohamed Bahi

est un auteur marocain. Chercheur, il s'intéresse particulièrement à la littérature maghrébine, la littérature de jeunesse et l'oralité. Il a publié plusieurs articles à ce sujet dans des revues spécialisées de divers pays. Il a contribué à la fondation de l'association OCADD : Oralité, Conte pour l'Amitié, le Dialogue et le Développement.

Vincent Farges

est un ancien élève de l'École supérieur des arts Saint-Luc, en Belgique. Ces dernières années, il a illustré beaucoup de contes parus aux Éditions des Braques. Pour ses illustrations, il utilise toutes sortes de techniques : collages, bricolages et coups de pinceau.

Il a illustré aussi :
Les Moitiés, livre-DVD, Les Éditions des Braques, 2011.
La Princesse orgueilleuse, livre-DVD, Les Éditions des Braques, 2010.

« Marche aujourd'hui, marche demain, plus tu marcheras, plus tu iras loin. »

Très loin d'ici vivait un *hakem*, un gouverneur. C'était un homme puissant et craint. Mais malgré cela, il cachait un terrible secret : il avait honte de son fils.

Honte ! Mais honte de quoi ?

Il avait honte de ses grandes et longues oreilles. De peur que la tare de son enfant ne soit connue de tous, il lui demandait de cacher ses grandes oreilles sous une calotte.

Quand les cheveux du garçon devenaient trop longs, un coiffeur venait directement dans sa demeure. Ce dernier devait jurer de ne poser aucune question et de garder le secret.

Un jour, on fit venir le premier coiffeur. Il jura de ne rien dire. Mal lui en prit ; maintenant, une seule et même question tournait dans son esprit : pourquoi le fils du *hakem* avait-il de longues oreilles ?

Épisode 1

>< Je découvre l'illustration >oooooooooooooo

Que peut-on dire du garçon p. 78 ?
D'après toi, que se passe-t-il p. 79 ?

>< Je comprends l'histoire >oooooooooooooo

Quel est le secret du gouverneur ?
Que fait-il pour que personne ne le découvre ?

>< Je donne mon avis >oooooooooooooo

Est-ce que l'aspect physique est important ?
Pourquoi ?

Étude de la langue

Mots outil

pourquoi
comment

J'observe le sens des mots

- *À quelle catégorie appartiennent les mots suivants ?*

poignet	jambe	oreille	ventre
yeux	bras	genou	
tête	cheville	bouche	épaule

- *Quels mots peux-tu regrouper ? Pourquoi ?*
- *Quels mots peux-tu ajouter dans chaque groupe ?*
- *Que fais-tu avec les parties de ton corps ci-dessous ?*

yeux – oreilles – bouche – nez – mains

J'observe la forme des mots

- *Observe chaque ligne. Que remarques-tu ?*
- *Observe chaque colonne. Que remarques-tu ?*

Autrefois, nous vivions loin.	Autrefois, vous viviez loin.
En ce moment, nous cachons nos oreilles.	En ce moment, vous cachez vos oreilles.
Demain, nous garderons le secret.	Demain, vous garderez le secret.

Entraînement

★ **Je lis une comptine**

Avec ma bouche,
Je dis bonjour, quand il fait jour !
Bonsoir, quand il fait noir !
S'il te plaît, pour obtenir ce qu'il me plaît !
Avec ma bouche, je souris et je dis merci,
Car je suis poli(e) !

Étude du code [j] — Épisode 1

 **Comptine**

Plus de cahiers de brouillon,
plus de feuilles ni de crayons,
c'est la veille de juillet,
le travail, c'est non non non !
Y a plus qu'à bayer
aux corneilles, aux éperviers,
tout comme les yétis font
quand le glacier fond.

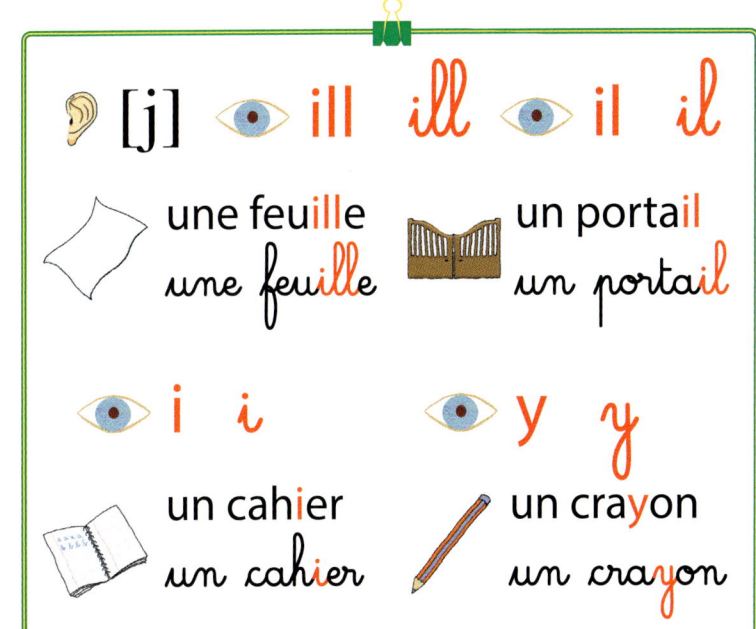

Je relis

 [j]   une ore**ille** – le dern**i**er

Je lis des syllabes

illon → un brou**ill**on	**ill**er → ta**ill**er	**ill**ou → un ca**ill**ou
tail → un por**tail**	**veil** → un ré**veil**	**teil** → un or**teil**
vail → un tra**vail**	**cien** → un magi**cien**	**nier** → un pa**nier**
cier → un épi**cier**	**mier** → un pal**mier**	**ya** → un **ya**ourt

Je m'entraîne

yo – reil – ya – dail – rail – yer – yau – veil – yal – illez – tier – illé – yon

Je déchiffre

bruyant

une grenouille – une volaille – une fille – de la paille – un brouillon – un tuyau

un appareil – un charcutier – un atelier – une abeille – une aiguille

du papier – un casier – le yoga – un grenier – un chantier

aboyer – vous veillez – balayer – rayer – vous travaillez – appuyer – réveiller

La curiosité fut plus forte que le secret. N'en pouvant plus, un jour, il posa la question qui le hantait. Comme d'habitude, on le laissa couper les cheveux de l'enfant, mais à peine eut-il terminé son travail qu'on se saisit de lui…
et qu'on lui coupa la tête.
Tous les coiffeurs qui lui succédèrent connurent le même sort.
Aucun n'était capable de tenir sa langue et tous craignaient d'être appelés dans la demeure du gouverneur.

Je découvre l'illustration

D'après toi, quels sont les rapports entre les personnages représentés p. 82 ?
Qui peuvent-ils être ?
À ton avis, que représente l'image de la p. 83 ?

Je comprends l'histoire

Qu'arrive-t-il au premier coiffeur ? Pourquoi ?
Qu'arrive-t-il aux autres coiffeurs ?

Épisode 2

Un jour, le *hakem* convoqua un coiffeur qui avait la réputation d'être discret. C'était vrai : il vit les longues oreilles, et, contrairement aux précédents, il ne posa aucune question.
Avant de repartir, le père lui rappela ce qui l'attendait s'il ébruitait le secret : il aurait, comme tous les autres, la tête tranchée.
De retour chez lui, le pauvre coiffeur ne se doutait pas que ce secret allait envahir et occuper son esprit jour et nuit.
Il devenait tellement lourd à porter qu'il avait l'impression d'avoir le corps lourd.
Plus les jours passaient, plus il lui était impossible de tenir sa promesse.

Je raconte

As-tu déjà eu du mal à tenir ta langue ?

Étude de la langue

Mots outils
pendant
avant
après

J'observe le sens des mots

• *Lis ces expressions. Quel est leur point commun ?*

Couper les cheveux en quatre   Manger sur le pouce

Dormir sur ses deux oreilles   Avoir la main verte

• *Quel est le sens de chacune d'elles ?*

• *Quelles autres expressions contenant des mots de la même catégorie connais-tu ?*

J'observe la forme des mots

• *Observe ces images. Comment appelle-t-on ces personnes ? Quelle est leur activité ?*

• *Lis les mots de chaque colonne. Que remarques-tu ?*

acheter	jouer
acheteur	joueur
acheteuse	joueuse

• *D'après toi, pourquoi dit-on qu'ils appartiennent à la même famille de mots ?*

• *Quels mots connais-tu pour constituer la famille des mots ci-dessous ?*

jongler – voyager – tricher – rêver – mentir

Entraînement

★ Je lis une blague

– Quel est le métier de ton papa ? demande le maître.

– Moi, mon papa, il est pompeur.

– Ah ! non ! On ne dit pas « pompeur », mais « pompiste » ! Et toi ?

– Moi, mon papa, il est livriste.

– Voyons ! On ne dit pas « livriste », mais « livreur » ! Et toi, Lucie, que fait ton papa ?

– Ben moi, maintenant, je ne sais plus si papa est mineur ou ministre !

Étude du code : [ø] [œ] [œʀ]

Épisode 2

Comptine

Il y a des mots bonheur
qu'on dit avec le cœur,
avec les yeux,
avec des fleurs.
Il y a des mots malheur
qui nouent des nœuds
autour du cœur
et font couler des pleurs.

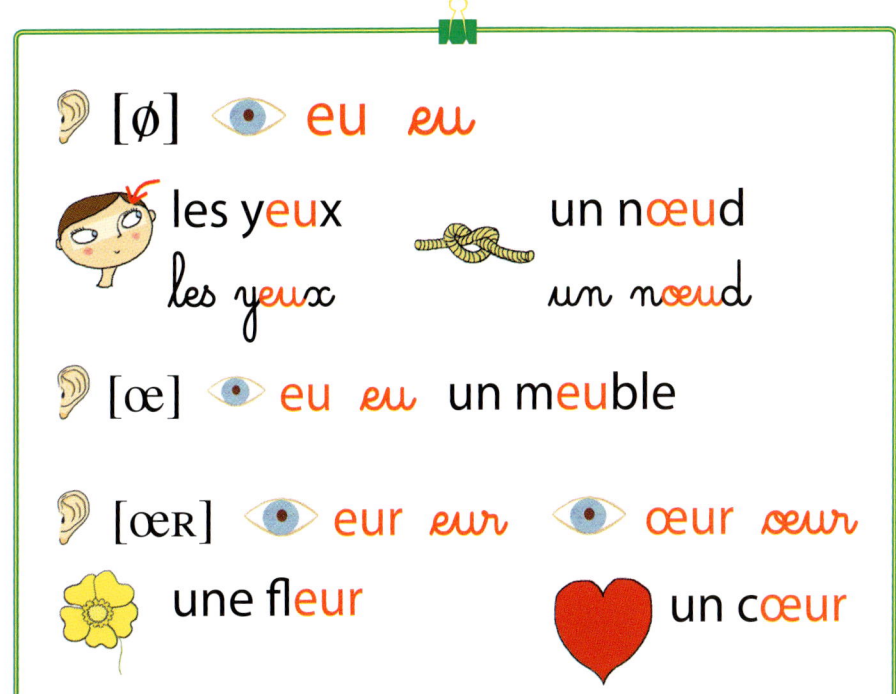

[ø] eu eu
les yeux — un nœud
les yeux — un nœud

[œ] eu eu un meuble

[œʀ] eur eur — œur œur
une fleur — un cœur

Je relis

[ø]   un cheveu

[œʀ]   un coiffeur – un gouverneur

Je lis des syllabes

jeu → jeudi	veu → un neveu	preu → une épreuve
pleu → pleurer	peu → un peuple	meu → un immeuble
teur → un moteur	deur → un cascadeur	peur → un campeur
leur → la chaleur	cheur → un chercheur	geur → un rongeur

Je m'entraîne

reil – cieu – illez – rail – feu – bleu – ceur – teil – geur – yeu – lieu – geu

Je déchiffre

leur – peu – malheureusement – seulement – heureux – joyeux – affreux – bleu
un facteur – une douleur – la banlieue – le beurre – le feu – un téléviseur
un classeur – un ordinateur – une feuille – les yeux – une fleur – un jeu – un bœuf
un œuf – un vendeur – une vendeuse – un conteur – une conteuse

Un beau matin, n'en pouvant plus,
la main sur la bouche, il se précipita vers un puits isolé
et là, il se pencha par-dessus la margelle
et cria de tout son souffle :
« **Le fils du gouverneur a de grandes oreilles !** »
« **Le fils du gouverneur a de longues oreilles !** »
« **Le fils du gouverneur a de grandes oreilles !** »
« **Le fils du gouverneur a de longues oreilles !** »

Je découvre l'illustration

À ton avis, que se passe-t-il p. 86 ?

Je comprends l'histoire

Pourquoi le coiffeur crie-t-il au-dessus d'un puits isolé ?
D'après toi, quelles vont en être les conséquences ?

Je lis à haute voix

De quelles façons différentes les animaux peuvent-ils répéter le secret ?

Une grenouille, au fond du puits, l'entendit ; de sa voix de grenouille elle coassa :
« **Le fils du gouverneur a de grandes oreilles !** »
« **Le fils du gouverneur a de longues oreilles !** »

Un pigeon qui se désaltérait l'entendit et il roucoula :
« Le fils du gouverneur a de grandes oreilles ! »
« Le fils du gouverneur a de longues oreilles ! »

Le corbeau qui passait par là l'entendit et il croassa :
« **Le fils du gouverneur a de grandes oreilles !** »
« **Le fils du gouverneur a de longues oreilles !** »

Tous les autres oiseaux l'entendirent et volant au-dessus de la ville ils chantèrent : « Le fils du gouverneur a de grandes oreilles ! Le fils du gouverneur a de longues oreilles ! »

Étude de la langue

J'observe le sens des mots

- À quelle catégorie appartiennent les mots suivants ?

> murmurer – crier – hurler – marmonner – chuchoter – dire

- Comment peux-tu classer ces mots ? Explique pourquoi tu les as classés ainsi.
- Pourquoi les mots suivants ont-ils été regroupés ?

> bafouiller – bégayer – bredouiller – marmonner

> jacasser – piailler – gazouiller – jaser

- Sais-tu ce que veulent dire les expressions suivantes ?

tenir sa langue – parler entre ses dents – raconter des histoires – parler comme un livre

J'observe la forme des mots

- Observe les mots en gras dans chaque phrase. Qu'est-ce qui se ressemble ? Qu'est-ce qui est différent ?

J'**écoute**, j'**ai** des oreilles.　　　　Nous **écoutons**, nous **avons** des oreilles.

Tu **écoutes**, tu **as** des oreilles.　　　Vous **écoutez**, vous **avez** des oreilles.

Le garçon **écoute**, il **a** des oreilles.　Les enfants **écoutent**, ils **ont** des oreilles.

Mots outils

par-dessus
en dessous

Entraînement

★ **Je lis un texte documentaire**

Le cri des animaux

Le pigeon roucoule.　　Le loup hurle.
Le corbeau croasse.　　Le cygne trompette.
Le canard cancane.　　Le tigre feule.
Le moineau pépie.　　　Le cochon grogne.

Étude du code : la lettre h

Épisode 3

un hibou — un héron — un hamster

h H h H

un hérisson
un hérisson

Je relis

il a honte – un homme – un *hakem*

Je lis des syllabes

ha → une habitude   hu → un humain   hau → haute
hi → l'hiver   ho → l'horizon   hai → une haie
hé → hélas   hon → une honte   his → une histoire
har → une harpe   thé → les mathématiques   tho → l'orthographe

Je m'entraîne

hy – reil – thè – heur – ha – huî – har – rhu – teil – heu – hu – tha – vail

Je déchiffre

ha ! – ho ! – hop ! – hier
heureuse – habile – haut – hilare
un véhicule – un hôpital – un théâtre – une herbe – le hamac – l'hygiène
un hippopotame – une horloge – de la rhubarbe – du thé – une heure
une hélice – un hortensia
habiller – hésiter – souhaiter

Je découvre l'illustration

Quels personnages reconnaît-on p. 90 ?
D'après toi, que fait le héros p. 90 ?
D'après toi, que lui arrive-t-il p. 91 ?

Je comprends l'histoire

Pourquoi le héros n'en veut-il pas au coiffeur ?
Pourquoi dit-il qu'il n'y a plus à rougir de sa différence ?

Je donne mon avis

Qu'est-ce que l'histoire a l'air de dire ?
Qu'en penses-tu ?

La rumeur se répandit dans la ville et tous les enfants chantaient :
« **Le fils du gouverneur a de grandes oreilles !** »
« **Le fils du gouverneur a de longues oreilles !** »
Quand la nouvelle arriva aux oreilles du gouverneur, il devint fou de rage.
Il se promit qu'avant de trancher la tête du coiffeur coupable, il lui ferait avaler sa langue.
Tout tremblant, notre pauvre coiffeur jura qu'il n'avait révélé ce secret à personne.

Quand le fils l'entendit, il dit à son père de croire en ses paroles, car l'homme était sincère. Il lui dit aussi : « Mon père, puisque tout le monde est au courant, il n'y a plus lieu d'en vouloir à tous les coiffeurs.
Ni toi, ni moi n'aurons plus à rougir de cette différence. »
On relâcha le coiffeur, soulagé d'avoir encore sa tête sur les épaules.
Quant au fils du gouverneur, libéré de sa honte, il se promenait désormais tête nue.

« Mon conte est parti avec la rivière et moi je suis resté avec les fils des généreux. »

Étude de la langue

J'observe le sens des mots

- *À quelle catégorie appartiennent les mots suivants ?*

> crainte   peur   bonheur
> joie   sympathie
> tendresse   gaieté   honte

Mots outils
toi
moi
lui

- *Quels mots peux-tu regrouper ? Explique pourquoi tu les as regroupés ainsi.*
- *Quels mots peux-tu ajouter dans chaque groupe ?*

J'observe les mots dans la phrase

- *Compare les deux phrases qui se ressemblent. Que remarques-tu ?*

Le secret est bien gardé. | La tête est toujours là.
Il est bien gardé. | Elle est toujours là.

Les jours passaient. | Les oreilles sont très grandes.
Ils passaient. | Elles sont très grandes.

Le jour et la nuit passaient.
Ils passaient.

Entraînement

★ Je lis de nouvelles expressions

Avoir la tête sur les épaules : être responsable, être lucide.
Se creuser la tête : réfléchir, chercher une solution.
N'en faire qu'à sa tête : faire ce que l'on veut, ne pas obéir.
Faire la tête : être de mauvaise humeur, bouder.
Être tête en l'air : être étourdi.
Avoir la tête dans les nuages : rêver.

Étude du code [ɲ]

Épisode 4

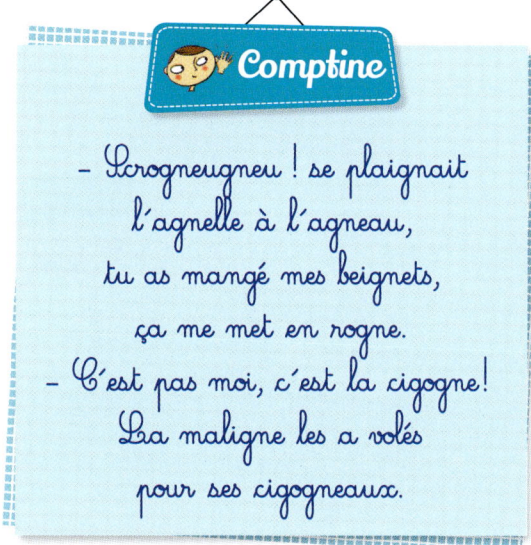

Comptine

– Scrogneugneu ! se plaignait l'agnelle à l'agneau, tu as mangé mes beignets, ça me met en rogne.
– C'est pas moi, c'est la cigogne ! La maligne les a volés pour ses cigogneaux.

[ɲ] gn gn

un a**gn**eau
un a**gn**eau

Je relis

 [ɲ]   il crai**gn**ait

Je lis des syllabes

gni → ma**gni**fique	**gne** → un rensei**gne**ment	**gné** → une arai**gné**e
gnon → un champi**gnon**	**gnoi** → une bai**gnoi**re	**gnol** → un rossi**gnol**
gner → si**gner**	**gneur** → un sei**gneur**	**gnal** → un si**gnal**

Je m'entraîne

gneau – heu – gnon – gnol – peur – gne – hou – gner – gnal – peu – hé – gni

Je déchiffre

mignon
une châtaigne – une baignade – une compagnie – un signal – un compagnon
une vigne – la campagne – un signe – un seigneur – une montagne – une ligne
un poignet – un cygne – une consigne – une cigogne – un chignon
baigner – accompagner – peigner – gagner – clignoter – souligner – soigner

Lire pour se documenter

Vivre en sécurité

Se protéger du soleil

D'après toi, pourquoi doit-on se protéger du soleil ?

Quels sont les conseils donnés dans cette affiche ?

Et toi ? Que fais-tu pour te protéger du soleil ?

Éviter les dangers domestiques

D'après toi, que représentent les quatre dessins ci-contre ?

À quels dangers peut-on être exposé dans une maison ?

T'es-tu déjà blessé(e) à la maison ? Comment ?

L'hygiène

Être propre

Pourquoi doit-on se laver régulièrement ?
Pourquoi est-ce important de se laver les dents ?

Il faut se laver souvent les mains, particulièrement avant de manger.

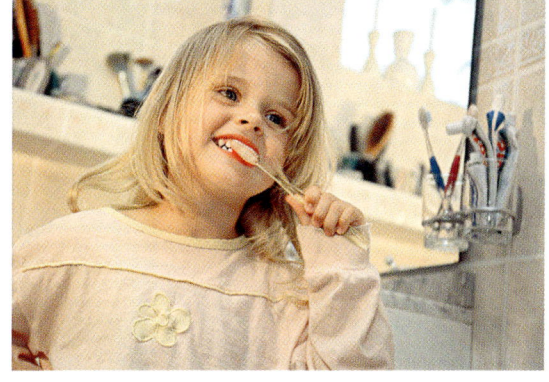

Pour garder des dents saines et éviter les caries, il faut se brosser les dents après les repas.

Dormir

D'après toi, pourquoi est-il important de se coucher tôt ?

Un enfant de 6 ans a besoin de 10 à 11 heures de sommeil chaque nuit. Le sommeil permet de se reposer de la journée passée, mais il aide aussi à mieux apprendre et à mieux mémoriser. Il permet également de grandir, car c'est pendant le sommeil que sont sécrétées les hormones de croissance.

Le coin des artistes

> Je découvre des poèmes

Mes Dix Gardes du corps

Mes dix gardes du corps
Ne sont pas protégés
Puisque leurs boucliers
Sont portés sur le dos.

François Fampou,
extrait de *La Langue au chat*,
coll. « Le Farfadet bleu »,
éditions L'Idée bleue, 2007.

★ C'était un bon copain

Il avait le cœur sur la main
Et la cervelle dans la lune
C'était un bon copain
Il avait l'estomac dans les talons
Et les yeux dans nos yeux
C'était un drôle de copain
Quand il prenait les jambes à son cou
Il mettait son nez partout
C'était un charmant copain
Il avait une dent contre Étienne
À la tienne Étienne à la tienne mon vieux
C'était un amour de copain
Il n'avait pas sa langue dans sa poche
Ni la main dans la poche du voisin
Il ne pleurait jamais dans mon gilet
C'était un copain
C'était un bon copain.

Robert Desnos,
Corps et Biens,
© Éditions Gallimard.

> Je découvre une œuvre

Décris ce masque.
D'après-toi d'où vient-il ? Pourquoi ?

Le masque funéraire de Toutankhamon

Ce masque est constitué d'or et de pierres précieuses. Il a été découvert en Égypte, dans le tombeau du pharaon Toutankhamon, par un archéologue anglais ; il se trouvait dans le sarcophage contenant la momie du pharaon. Il est exposé actuellement au Musée égyptien du Caire.

Le coin bibliothèque

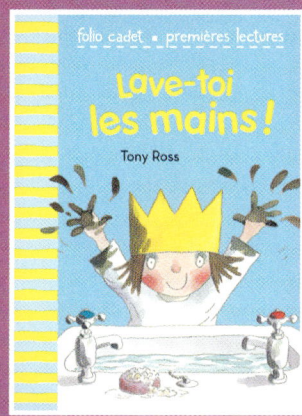

Lave-toi les mains !

Petite Princesse se demande bien pourquoi il faut se laver les mains tant de fois, comme l'exigent les adultes.
Mais, lorsque la gouvernante lui explique que c'est à cause des microbes… tout le monde devra aussi avoir les mains propres.

Tony Ross, trad. Anne de Bouchony, coll. « Folio Benjamin », © Gallimard Jeunesse, 2005.

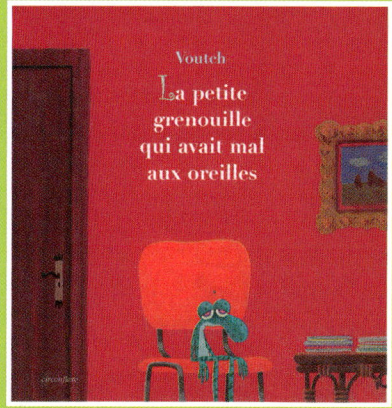

La petite grenouille qui avait mal aux oreilles

Aucun spécialiste ne semble pouvoir résoudre le problème de la grenouille, mais Papy Roger va tout arranger. Une histoire pleine d'humour à la chute totalement inattendue !

Voutch, © Circonflexe, 2013.

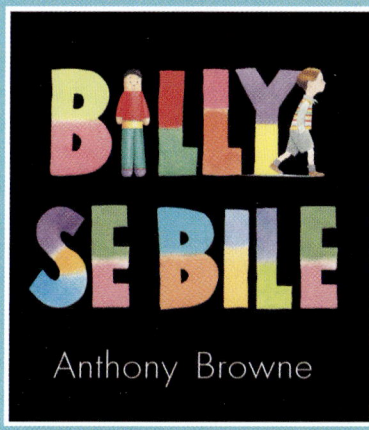

Billy se bile

Le soir, Billy ne parvient plus à s'endormir. Son imagination rend la moindre chose effrayante. Pour faire face, sa grand-mère lui propose des poupées-tracas, qui font disparaître toutes les inquiétudes dès qu'on leur confie ses soucis…

Anthony Browne, trad. Élisabeth Duval, © éditions Kaléidoscope, 2006.

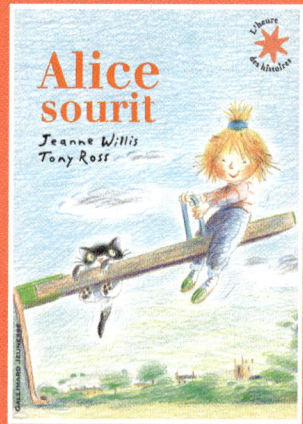

Alice sourit

Alice est une petite fille pleine de vie. Elle rit, chante, fait des bêtises, se met en colère, joue, elle est exactement comme toutes les petites filles de son âge…

Du moins, c'est ce qu'on croit !

Jeanne Willis et Tony Ross, trad. Marie-France Floury, coll. « Folio Benjamin », © Gallimard Jeunesse, 2015.

Je révise

Je lis des mots connus

une oreille – le dernier – un cheveu – un coiffeur – un gouverneur
il a honte – un homme – un *hakem* – il craignait

Je lis des syllabes connues

illon – iller – illou – tail – veil – teil – vail – nier – cier – ya
peu – jeu – meu – veu – preu – yeu – teur – peur – cheur – leur
ha – hu – hi – hau – hai – hé – hon – har – thé – tho
gni – gné – gnon – gnoi – gnol – gner – gneau – gneur – gnal

Je déchiffre

hier – seulement – affreux – heureux – mignon – bruyant
le beurre – une baignoire – un ordinateur – du papier – une araignée
la paille – une heure – une oreille – un hôpital – un crayon – une aiguille
une feuille – la campagne – un classeur – une montagne – un théâtre
aboyer – appuyer – habiller – souhaiter – peigner – gagner

Je lis un nouveau texte

Découvre une histoire écrite par Alphonse Daudet : *La Chèvre de M. Seguin*
M. Seguin aimait beaucoup sa jolie petite chèvre, Blanquette. Pour lui éviter de se faire dévorer par le loup, il l'enfermait chaque nuit dans l'étable. Mais la chevrette s'ennuyait. Elle voulait gambader et brouter. Sans écouter les recommandations de M. Seguin, elle se sauva dans la montagne où elle rencontra… le loup !
Son courage ne suffit pas et M. Seguin ne revit jamais sa jolie petite chèvre blanche.

★ Je lis le résumé de l'histoire

Le fils du *hakem* avait de longues oreilles. Son père voulait que cela reste secret. Les coiffeurs qui venaient couper les cheveux du garçon ne parvenaient pas à être discrets, alors tous avaient la tête tranchée. Un jour, un nouveau coiffeur se déplaça. Comme il ne posa aucune question, il put rentrer chez lui. Mais le secret était trop lourd… Un matin, il cria de toutes ses forces : « **Le fils du gouverneur a de longues oreilles !** », et la rumeur se répandit sur toute la ville.
À partir de ce jour, le fils du gouverneur n'était plus obligé de cacher sa différence.

Mots outils

pourquoi
comment
pendant
avant
après
par-dessus
en dessous
toi
moi
lui

Animaux sauvages, animaux domestiques

Géraldine Elschner

est née en 1954 dans une ville frontalière du Nord, d'un père allemand et d'une mère française d'origine belge. Elle a toujours vécu entre plusieurs cultures. Après ses études et une formation de bibliothécaire, elle partage son temps entre la France et l'Allemagne où elle traduit des livres pour enfants. La traduction l'a menée à l'écriture, inspirée par sa propre vie de famille.

Elle a écrit aussi :
Le Petit Cheval bleu, L'Élan vert/Canopé éditions, 2015.
Moustachat, L'Élan vert, 2014.
P'tit Napo, P'tit Glénat, 2014.

Antoine Guilloppé

est né à Chambéry en 1971. Ses études de graphiste l'ont conduit à l'illustration. Il crée des logos, dessine pour la presse et illustre des couvertures de romans. Ses illustrations, très graphiques, se distinguent par un trait maîtrisé et très peu de couleurs. Il a également écrit des albums pour la jeunesse.

Il a écrit aussi :
Loup noir, Casterman, 2004.
Grand Blanc, Casterman, 2009.

Il a illustré aussi :
La Moufle, Bernard Villiot, L'Élan vert, 2012.
L'Ours et la Lune, Cécile Alix, L'Élan vert/Canopé éditions, 2014.

J'avais les oreilles droites, des crocs blancs et pointus,
l'échine un peu courbée sous mon poil argenté,
mais l'œil vif, aux aguets.
– Tout d'un loup ! disaient les gens.
À mon cou, un collier. Au collier, une chaîne.
À la chaîne, un piquet planté dans une cour aux trois quarts bétonnée.
C'est là que je vivais avec pour seul décor deux tôles pour m'abriter,
une gamelle toute rouillée et, parfois, un vieil os à ronger.
Personne ne m'approchait.
Personne n'aurait osé.

Je découvre l'illustration

Quel animal voit-on sur ces deux pages ? Où est-il ?
D'après toi, que peut-il ressentir ?

Je comprends l'histoire

Que sait-on de celui qui raconte l'histoire ?
Pourquoi est-ce que personne ne l'approche ?

> **Je donne mon avis**
>
> D'après toi, faut-il attacher les animaux ?
> Pourquoi ?

Étude de la langue

Mots outil

peu
beaucoup

J'observe le sens des mots

• À quelle catégorie appartiennent les mots suivants ?

bec	griffe	carapace
	œil	dos
échine	truffe	croc

• Quels mots peux-tu regrouper ? Explique pourquoi tu les as regroupés ainsi.
• Quels mots peux-tu ajouter dans chaque catégorie ?
• Quel est le sens de chacune des expressions suivantes ?

avoir une langue de vipère – avoir une écriture en pattes de mouche

J'observe la forme des mots

• Observe les mots en gras de chaque colonne. Que remarques-tu ?

Tu **auras** un collier.	Vous **écouterez** bien.	Les gens **diront** du mal.
Tu **avais** un collier.	Vous **écoutiez** bien.	Ils **disaient** du mal.
Tu **as** un collier.	Vous **écoutez** bien.	Ils **disent** du mal.

Entraînement

★ Je lis la présentation d'un album

La vie d'un loup dans un conte n'est pas toujours facile. Le jeune loup héros de cet album s'y sent à l'étroit. Il veut découvrir le monde des hommes, mais, tour à tour, la marâtre de *Blanche-Neige*, le garçon qui crie au loup, l'ogre du *Petit Poucet* et le bûcheron du *Petit Chaperon rouge* le menacent de mort… Heureusement, de retour au pays des contes, il va retrouver la tranquillité auprès de sa mère.

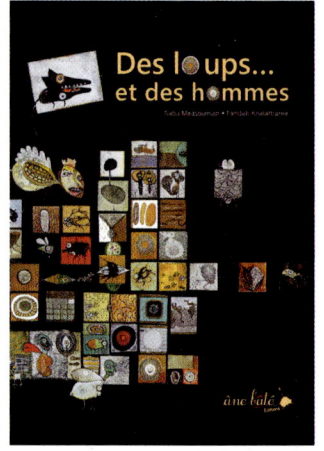

Étude du code : la lettre x

Comptine

Petit exercice :
Un taxi pour deux personnes,
trois taxis pour six personnes,
cinq taxis pour dix personnes...
et combien de taxis
pour six cent soixante-dix ?
Un maximum !

x X x X

[gz] un e**x**ercice un e**x**ercice
[ks] un ta**x**i un ta**x**i
[s] si**x** si**x**
[z] le deu**x**ième le deu**x**ième

Je relis

[gz] [ks] [s] [z]   aux – deux

Je déchiffre

exactement – exceptionnel – exclamation – excellent – extraordinaire – dix
un examen – un axe – la boxe – un exemple – un exercice – un exploit
un taxi – un texte – une explication – un klaxon – le sixième – le dixième
exiger – vexer – fixer – excuser

un **x**ylophone   un uromasti**x**

Pour rire

Je veux et j'exige d'exquises excuses.

Je découvre l'illustration

À ton avis, que se passe-t-il p. 104 ?
Où peut se trouver le héros p. 105 ?

Au fond de moi pourtant, je n'avais qu'une envie :
partir très loin d'ici, courir à travers champs, sentir de temps en temps
la chaleur d'une main sur mon poil grisonnant.
Alors, chaque soir à la lune je criais mon chagrin.
– Écoutez-le, il fait le loup ! chuchotaient les voisins.
Sa place n'est pas chez nous.
C'est ainsi que, trop bruyant, présumé trop méchant,
je me suis retrouvé enfermé pour de bon au fond d'un vieux chenil.
Au cou, un numéro. À ma cage, des barreaux qui mordaient le soleil.

Je comprends l'histoire

Pourquoi dit-on que le héros « fait le loup » ?
Que lui arrive-t-il à cause de cela ?

Je raconte

As-tu déjà visité un chenil ?
Comment les animaux y vivaient-ils ?

Étude de la langue

J'observe le sens des mots

- *Observe ces expressions. Quel est leur point commun ?*

Hurler à la lune   Être dans la lune
Décrocher la lune   Promettre la lune
Demander la lune   Partir en lune de miel

- *Quel est le sens de chacune d'elles ?*

J'observe la forme des mots

- *Observe les mots en gras. Qu'ont-ils en commun ?*
- *Peut-on utiliser un mot en gras à la place d'un autre ? Qu'ont-ils de différent ?*

Le chien dit : « Je **suis** dans un chenil. »   Les chiens disent : « Nous **sommes** dans un chenil. »
Le voisin dit : « Tu **es** dans un chenil. »   Le voisin dit : « Vous **êtes** dans un chenil. »
Le chien **est** dans un chenil.   Les chiens **sont** dans un chenil.

Mots outils
loin
près

Entraînement

★ Je lis des définitions

cage (nom féminin). Espace fermé par du grillage ou des barreaux dans lequel on enferme des animaux.
Les oiseaux sont dans une cage.

chenil (nom masculin). Endroit où l'on garde des chiens, quelquefois pour l'élevage. Il est composé d'un abri couvert et d'un espace fermé.
Les chiens attendent dans le chenil de partir à la chasse.

Étude du code [œ̃]

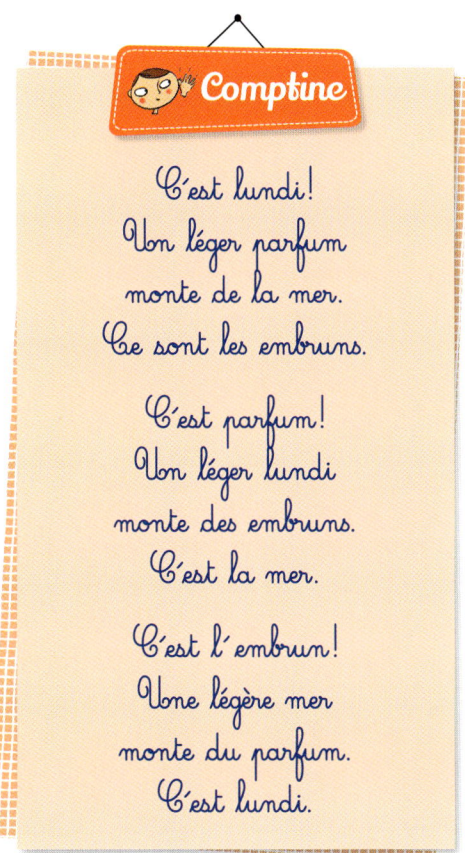

Comptine

C'est lundi !
Un léger parfum
monte de la mer.
Ce sont les embruns.

C'est parfum !
Un léger lundi
monte des embruns.
C'est la mer.

C'est l'embrun !
Une légère mer
monte du parfum.
C'est lundi.

[œ̃] un un

lundi
lundi

um um

du parfum

Je relis

 [œ̃]   un – aucun

Je lis des syllabes

brun → un em**brun**   **cun** → cha**cun**

Je déchiffre

brun – commun – quelqu'un – humble
un emprunt – un lumbago – emprunter

Pour rire

Un homme brun faisait un emprunt comme tout un chacun. Que c'est commun !

[œ̃]   [œ̃]

un → une
brun → brune
chacun → chacune
commun → commune
parfum → parfumer

🕮 Tous les jours, je voyais défiler des gens, des mamies, des enfants, des bébés, des mamans… tous en quête d'un toutou, d'un petit chien de salon, mais pas d'un loup !
J'avais beau me taire, baisser les oreilles et me coucher par terre, chacun passait sans s'arrêter. Pas un mot. Pas un regard. Allais-je finir mes jours tout seul au fond de ce trou ? Dès que tombait la nuit, je hurlais de plus belle.

Mais un jour…
… au soleil de midi, grand comme un arbre, un homme est arrivé. L'air attentif, il m'a regardé, longuement, droit dans les yeux. Puis, lentement, il s'est approché, a tendu la main entre les barreaux et m'a caressé le dos.

J'ai fermé les yeux.

Comme elle était douce, cette main qui courait sur mon poil argenté…

Je découvre l'illustration

D'après toi, que fait le héros p. 108 ?
À ton avis, que se passe-t-il p. 109 ?

Je comprends l'histoire

Pourquoi personne ne s'intéresse-t-il au héros ?
Que sait-on du nouveau personnage qui entre dans l'histoire ?
En quoi est-il différent des autres ?

Épisode 3

J'explique

Pourquoi vaut-il mieux éviter de caresser un animal qu'on ne connaît pas ?

Étude de la langue

J'observe le sens des mots

- *Quels mots peux-tu mettre ensemble ? Explique pourquoi ?*

> maman   ouvrage   bicyclette
> toutou   ami   livre   mère
> vélo   chien   copain

Mots outils

lentement
longuement

- *Quels sont les mots que tu utilises souvent ?*
- *Y en a-t-il que tu as déjà entendu, mais que tu n'utilises jamais ?*
- *Connais-tu un mot qui ait le même sens que chacun de ces mots ?*

papa – …   chat – …   tonton – …   bestiole – …

J'observe la forme des mots

- *Observe ces couples de mots. Que remarques-tu ?*

passer – un passage   coucher – un couchage   jardiner – le jardinage

- *Peux-tu compléter les couples de mots suivants ?*

bronzer – …   … – un chauffage   bavarder – …   cirer – …

Entraînement

★ **Je lis un texte documentaire**

Il existe de nombreuses races de chiens ; certaines ont des noms amusants.

un chow-chow   un bichon   un chihuahua   un bulldog

Étude du code : ell, err, ess, ett

Je déchiffre

une allumette – une casquette – une mouette – une silhouette – une bicyclette
une assiette – une baguette – une fourchette – une pendulette – une charrette

laquelle – belle – manuellement – nouvellement – annuellement
une chandelle – une gazelle – une truelle – une bretelle – une ficelle

une princesse – une hôtesse – la vieillesse – une forteresse – la sagesse – tresser

la terre – le verre – la guerre – une pierre – une terrine

Pour rire

Les chaussettes de l'archiduchesse sont-elles sèches ? Archisèches !

Quand la grille s'est ouverte, à mon tour j'ai regardé
cet homme penché vers moi.
Le regard clair, il souriait sous son manteau de laine,
tenant à la main un bâton qui n'était pas de ceux qui frappent.
– Parfait… Tu as tout d'un berger !
Sa voix chantait dans la pénombre.
Sans attendre, il a détaché la chaîne, puis de mon cou
il a ôté collier et numéro.
Alors j'ai redressé mon dos courbé et je l'ai suivi.
Depuis, toute la journée je cours dans la vallée,
je gambade, je bondis autour de mes moutons.
Et le soir, quand le troupeau s'endort, je me couche
sous le ciel étoilé, tout contre mon berger,
et je chante à la lune.

Me voilà devenu le bon chien que j'étais.

Je découvre l'illustration

Quels personnages reconnaît-on sur chaque image ?
Que remarques-tu sur celle de la p. 113 ?

Je comprends l'histoire

Pourquoi le héros chante-t-il à la lune à présent ?

Je donne mon avis

Cette fin est-elle satisfaisante ? Pourquoi ?
Qu'est-ce que l'histoire a l'air de dire ?
Qu'en penses-tu ?

Étude de la langue

Mots outils

en
depuis
pendant

J'observe le sens des mots

• *Observe ces expressions. Quel est leur point commun ?*

Avoir une faim de loup
Être connu comme le loup blanc
Se jeter dans la gueule du loup
Marcher à pas de loup
Être un vieux loup de mer

• *Quel est le sens de chacune d'elles ?*

J'observe la forme des mots

• *Quels mots peux-tu mettre ensemble ? Explique pourquoi tu les as regroupés ainsi.*

lait	bergerie	allaiter
berger	rebond	attroupement
troupe	bond	laitier

• *Quels mots peux-tu ajouter dans chaque groupe ?*

• *Quels mots connais-tu pour constituer la famille des mots ci-dessous ?*

dormir – chaîne – planter – pointu – passage

Entraînement

★ Je lis un documentaire

Pour envoyer un courrier par la poste, il faut coller un timbre sur la carte ou sur l'enveloppe. C'est ainsi que l'on paye le transport du courrier.
Il existe de très beaux timbres dans le monde entier. Ils représentent des personnes, des animaux, des villes, des événements…

Étude du code ier, ière, ien, ienne

Épisode 4

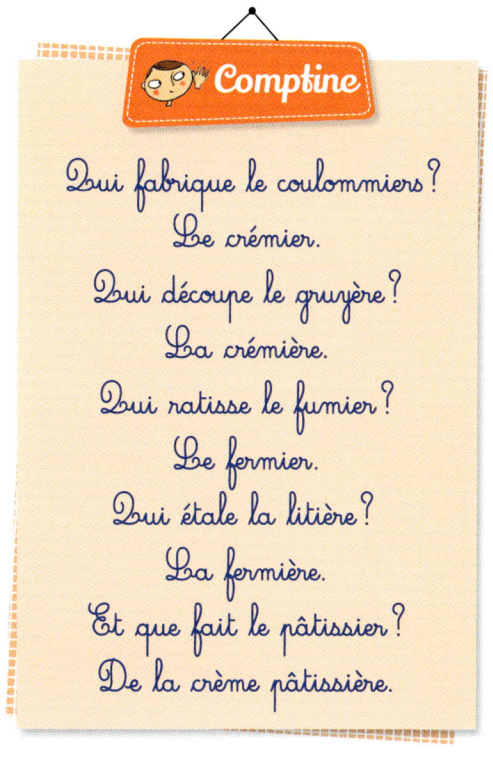

Comptine

Qui fabrique le coulommiers ?
Le crémier.
Qui découpe le gruyère ?
La crémière.
Qui ratisse le fumier ?
Le fermier.
Qui étale la litière ?
La fermière.
Et que fait le pâtissier ?
De la crème pâtissière.

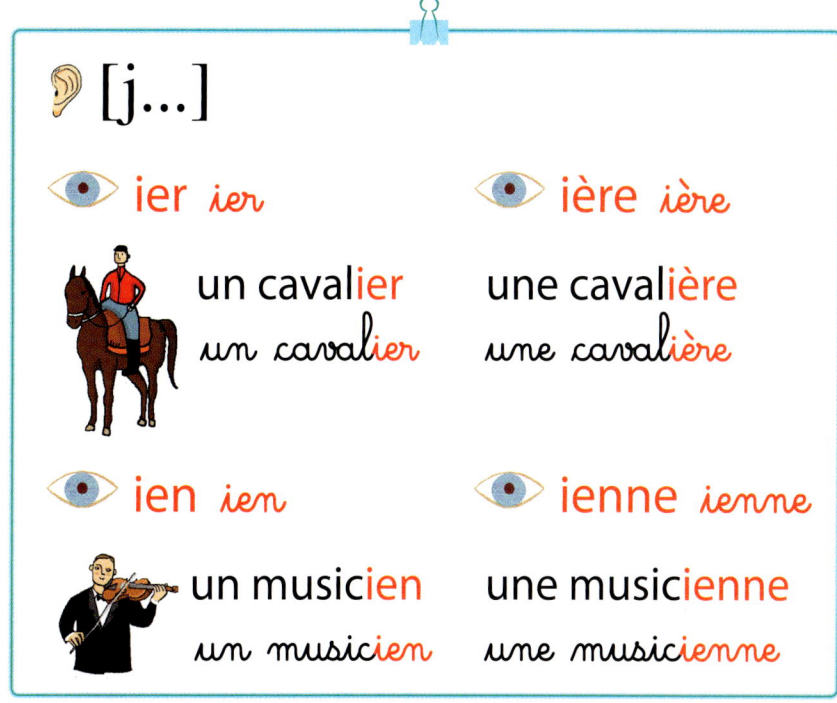

[j...]

ier *ier*   ière *ière*

un caval**ier**   une caval**ière**

ien *ien*   ienne *ienne*

un music**ien**   une music**ienne**

Je relis

 [j...]   un coll**ier** – un ch**ien**

Je déchiffre

février – un abricotier – un clavier – un évier – étudier
ancien – rien – bien – combien – le mien – le sien – le tien

une caissière ➜ un caissier   une gardienne ➜ un gardien
une pâtissière ➜ un pâtissier   une magicienne ➜ un magicien
une postière ➜ un postier   une pharmacienne ➜ un pharmacien
une infirmière ➜ un infirmier   une chirurgienne ➜ un chirurgien
une fermière ➜ un fermier   une électricienne ➜ un électricien
une épicière ➜ un épicier   une collégienne ➜ un collégien
une écolière ➜ un écolier   une comédienne ➜ un comédien
une cuisinière ➜ un cuisinier   une mécanicienne ➜ un mécanicien

Lire pour se documenter

La vie du loup

Que sais-tu sur la vie du loup ?

As-tu peur de cet animal ? Pourquoi ?

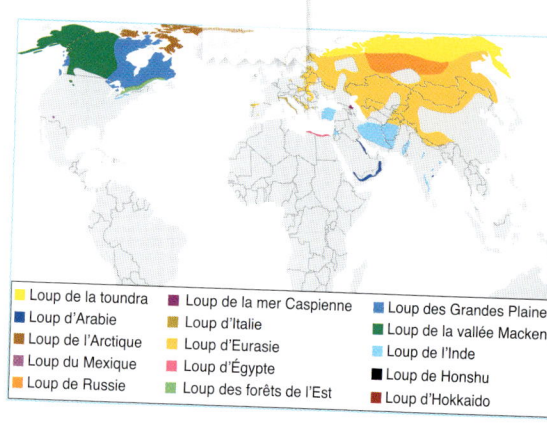

Les loups vivent surtout dans la partie nord du monde. Il en existe de nombreuses espèces différentes.

Le loup est un mammifère carnivore. Les loups vivent et chassent en meute. Ils communiquent à l'aide de hurlements.

Les loups s'abritent dans des tanières qu'ils n'ont pas construites. Ce peut être le creux d'un arbre, l'intérieur d'un rocher… La femelle s'y cache pour donner naissance à ses petits.
La femelle se nomme la louve et ses petits s'appellent les louveteaux.

Les chiens, amis de l'homme

Le chien est un animal de compagnie pour les êtres humains. Il peut aussi les aider dans leur travail ou dans leur vie de tous les jours.

Quels chiens connais-tu ?
As-tu un chien ? De quelle race ? Quel est son nom ?

Les chiens d'assistance apportent du réconfort aux personnes à mobilité réduite. Ils les aident, par exemple, en ouvrant une porte ou en ramassant un objet pour elles.

Les chiens policiers sont utilisés par les forces de l'ordre.
Ils peuvent retrouver des personnes, de la drogue ou encore des explosifs.

De nos jours, **les chiens de traîneau** sont le plus souvent utilisés pour des activités sportives ou des promenades sur la neige.

Les chiens d'avalanche ont pour travail de repérer les personnes ensevelies sous la neige. Lorsqu'un chien a trouvé quelque chose, il aboie et gratte la neige pour appeler le sauveteur.

Le coin des artistes

Je découvre des poèmes

Le Loup

Au fond du couloir
Le loup se prépare
Il met ses bottes noires

Qui a peur du loup ?
Pas nous !...

Au fond du couloir
Le loup se prépare
Il prend son mouchoir…

Qui a peur du loup ?
Pas nous !...

Du fond du couloir
Le loup vient nous voir
A pas de loup noir…

Qui a peur du loup ?
C'est nous !...
Sauvons-nous !

Marie Tenaille, 99 Poèmes choisis par Pomme d'api,
© Bayard éditions, 1992.

★ Zoo

À la tombée de la nuit
Quand se sont refermées les grilles
L'éléphant rêve à son grand troupeau
Le rhinocéros à ses troncs d'arbres
L'hippopotame à des lacs clairs
La girafe à des frondaisons de fougères
Le dromadaire à des oasis tintants
Le bison à un océan d'herbes
Le lion à des craquements dans les feuilles
Le tigre de Sibérie à des traces dans la neige […]
Les enfants des gardiens à la plage.

© Michel Butor

Je découvre une œuvre

*Quelle impression se dégage de cette sculpture ?
Pourquoi l'a-t-on placée sur un socle ?*

Le Lion de Belfort
de Frédéric-Auguste Bartholdi

Cette sculpture évoque l'action du colonel Denfert-Rochereau qui a protégé la ville de Belfort. La légende raconte que ce lion serait creux et qu'il y aurait à l'intérieur une énorme machine. Il y a deux répliques de cette sculpture, une à Paris et l'autre à Montréal au Canada.

Le coin bibliothèque

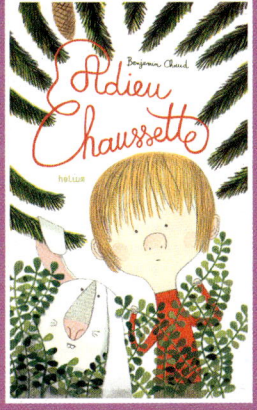

Adieu Chaussette

Un petit garçon décide qu'il est trop grand pour avoir comme meilleur ami un lapin tout doux, tout mou et pas très malin. Il va donc l'abandonner dans les bois. Bizarrement, le pauvre Chaussette ne se rend pas compte de la chance qu'il a d'être libre… Ce lapin est un vrai pot de colle !
Oui, mais comment s'endormir ce soir ?

Benjamin Chaud, © Hélium / Actes Sud, 2010.

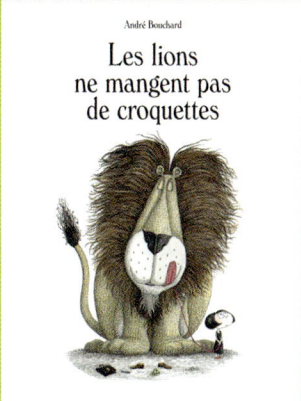

Les lions ne mangent pas de croquettes

C'est bien pratique d'avoir un lion pour animal de compagnie, il ne mange pas de croquettes et se nourrit de ce qu'il trouve dans la rue. En revanche, ce qui est ennuyeux, c'est de voir disparaître tous ses amis lorsqu'on joue à cache-cache avec lui…

André Bouchard, © Seuil Jeunesse, 2012.

Un lion à Paris

Le soir, Billy ne parvient plus à s'endormir. Son imagination rend la moindre chose effrayante. Pour faire face, sa grand-mère lui propose des poupées-tracas, qui font disparaître toutes les inquiétudes dès qu'on leur confie ses soucis…

Béatrice Alemagna, © Autrement Jeunesse, 2006.

Histoire de Babar le petit éléphant

Babar, le petit éléphant, vit dans la forêt avec sa mère. Un jour, un chasseur la tue et Babar se réfugie en ville. Il est recueilli par une gentille vieille dame, qui s'occupe bien de lui. Le temps passe, mais la forêt lui manque. Babar choisira-t-il la ville et son amie la vieille dame, ou sa famille et la nature ?

Jean de Brunhoff, © Hachette Jeunesse, 2015.

Je révise

Je lis des mots connus

un chien – un collier – une gamelle – un vieux chenil – des barreaux
les oreilles – les yeux – les crocs – l'échine – le poil

Je lis des syllabes connues

lun – cun – brun – prun – tun – mun – lum – fum
tier – mier – cier – lier – nier – dien – cien – gien

Je déchiffre

quelqu'un – chacun – six – belle – brun – extraordinaire
un comédien – un écolier – une assiette – une bretelle
un klaxon – un exemple – la sagesse – du parfum – un taxi
un cuisinier – une collégienne – le sixième – une épicière
un gardien – une casquette – un texte – un verre – une musicienne
exiger – excuser – fixer – emprunter – vexer – conseiller

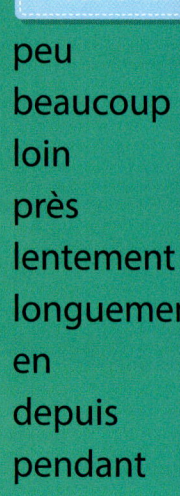

Mots outils

peu
beaucoup
loin
près
lentement
longuement
en
depuis
pendant

Je lis un nouveau texte

Découvre une histoire écrite par Robin Tzannes : *Sanji, le voleur d'odeurs*

Sanji arrive un jour dans une ville inconnue. Il décide alors de louer une chambre en ville. Il se trouve que celle-ci est située juste au-dessus d'une boulangerie. Les sublimes odeurs viennent chatouiller les narines de Sanji qui profite de ces délices. Mais le boulanger est furieux, il accuse le pauvre Sanji d'être un voleur d'odeurs et il lui demande réparation.

★ Je lis le résumé de l'histoire

C'est dans une cour, attaché à un piquet, que vivait cet animal. En le voyant, les gens disaient : « Tout d'un loup ! »

Chaque soir, il hurlait, criait son chagrin, les gens disaient alors : « Il fait le loup ! »

C'est ainsi qu'il se retrouva enfermé dans un chenil dans lequel il hurlait de plus belle. Mais un jour, un homme a ouvert la grille et détaché la chaîne. Le bon chien, celui qu'il était vraiment, l'a suivi vers la liberté.

Bonnes vacances !

l'élan vert

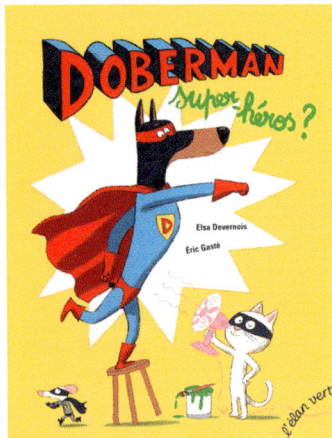

Doberman, super-héros ?
Elsa Devernois
Éric Gasté
Super-héros • Chien

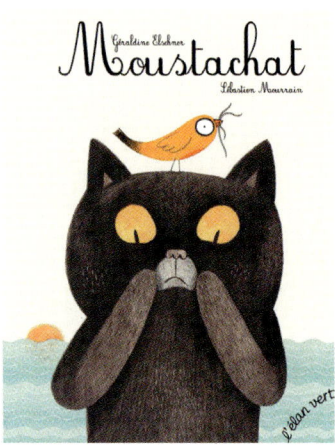

Moustachat
Géraldine Elschner
Sébastien Mourrain
Amitié • Solidarité

Kupi l'enfant de la forêt
Sabine du Faÿ
Judith Gueyfier
Jungle • Terre • Transmission

L'Oiseau libre
Éric Battut
Oiseau • Voyage • Expressions

Les albums d'Antoine Guilloppé

L'Ours et la Lune
Cécile Alix • Antoine Guilloppé
Sculpture • Pompon

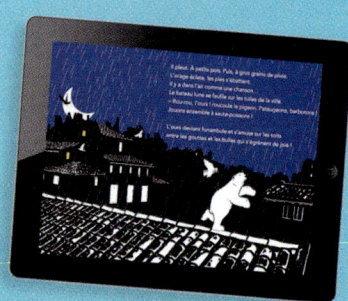

L'Heure rouge
Marie-Astrid Bailly-Maître
Antoine Guilloppé
Suspense • Loup

La Moufle
Bernard Villiot
Antoine Guilloppé
Conte-randonnée

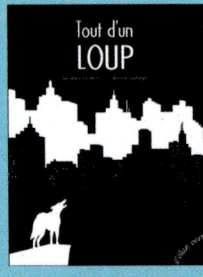

Tout d'un loup
Géraldine Elschner
Antoine Guilloppé
Chien • Loup

Première Neige
Marie-Astrid Bailly-Maître • Antoine Guilloppé
Neige • Loup • Amitié

www.elanvert.

Nos tout-carton

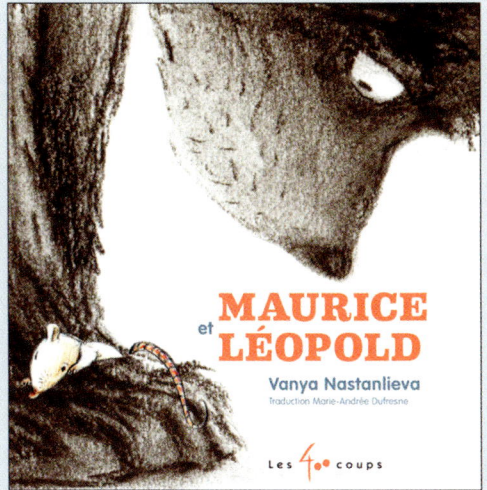

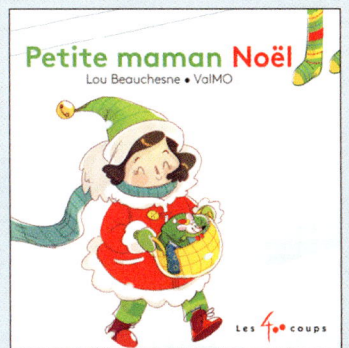
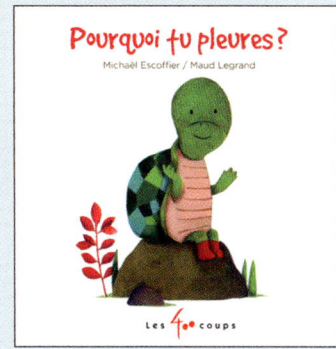
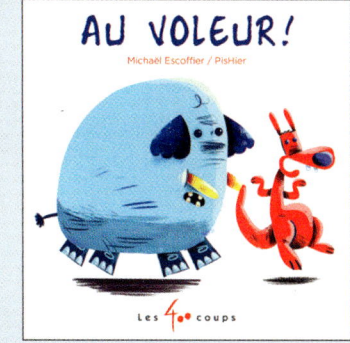

Nos grands albums

20 ans d'audace

editions400coups.com

Tous lecteurs !

Une collection organisée en 5 niveaux de lecture pour s'adapter à chacun de vos élèves !

Contes

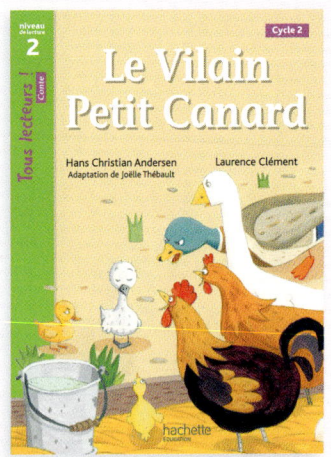

■ **Le Vilain Petit Canard**
> *D'après Hans Christian Andersen*

• Un caneton est rejeté par tous à cause de son physique différent. Il s'enfuit pour échapper aux moqueries et, au fil des rencontres, il comprend qu'il n'est pas celui qu'on croit...

9782013941655

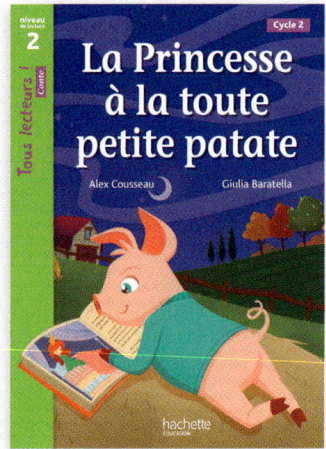

■ **La Princesse à la toute petite patate**
> *Alex Cousseau*

• Le petit cochon est de mauvaise humeur : il n'a pas du tout envie d'aller à l'école ! Quel intérêt d'apprendre à lire ? Aucun, il préfère manger des patates ou s'amuser avec sa nouvelle amie la souris ! Mais un jour, une jolie histoire va le faire changer d'avis...

9782011394648

Romans

Niveau 1

■ **Mission « noisettes » !**
> *Rémi Chaurand*

• Robin est fier, il est apprenti cuisinier au château ! Aujourd'hui, il a une importante mission : rapporter des noisettes pour le gâteau d'anniversaire de la princesse Flora. Mais dans ce grand château, les noisettes ne sont pas faciles à trouver...

9782011181831

Niveau 2

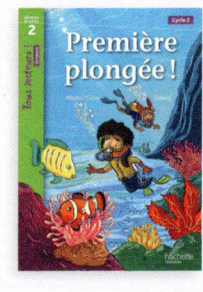

■ **Première plongée !**
> *Michel Girin*

• Maël et Tessa accompagnent leurs parents faire de la plongée sous-marine. Coraux, poissons multicolores, anémones... ils sont émerveillés ! Mais le monde sous-marin n'est pas sans dangers...

9782011181244

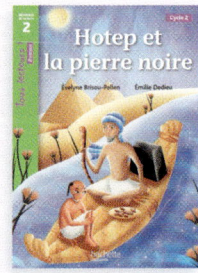

■ **Hotep et la pierre noire**
> *Évelyne Brisou-Pellen*

• Après une violente inondation, le jeune Hotep se réveille, au milieu du Nil, sur un radeau. Celui-ci est conduit par un vieil homme, qui transporte une mystérieuse pierre noire, vers la pyramide de Pharaon ! Pourquoi ? Hotep voudrait interroger le vieil homme, mais le destin en décide autrement...

9782011181848

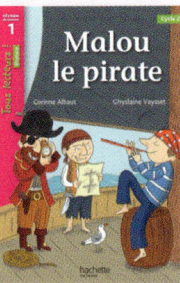

■ **Malou le pirate**
> *Corinne Albaut*

• Malou n'est pas un pirate comme les autres. Il préfère la musique à la bagarre. Pourtant le voici mêlé à une attaque de navire qui transporte un trésor !

9782011181152

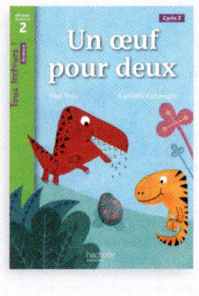

■ **Un œuf pour deux**
> *Paul Thiès*

• Igor l'iguanodon herbivore est ami avec Théo, le tyrannosaure carnivore. Théo ne serait-il pas tenté de dévorer Igor ? Ou va-t-il préférer l'œuf qu'ils vont découvrir ?

9782011181169

Niveau 1

978201117 4857

■ **Bébés animaux**
> Denise Ryan

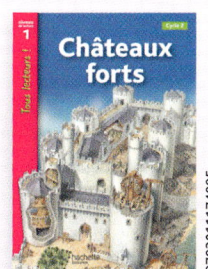
978201117 4895

■ **Châteaux forts**
> Denise Ryan

978201117 6257

■ **Des bêtes bien étranges !**
> Denise Ryan

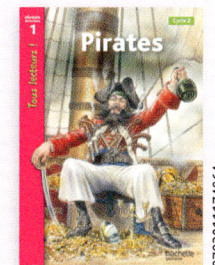
978201117 4864

■ **Pirates**
> Denise Ryan

978201117 5335

■ **Lions et autres gros chats**
> Denise Ryan

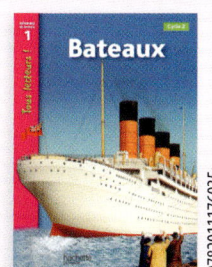
978201117 6035

■ **Bateaux**
> Denise Ryan

978201117 5342

■ **Plantes**
> Denise Ryan

978201117 5359

■ **Instruments de musique**
> Denise Ryan

Niveau 2

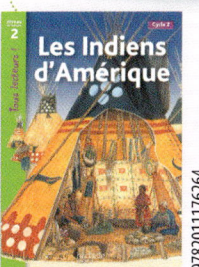
978201117 6264

■ **Les Indiens d'Amérique**
> Robert Coupe

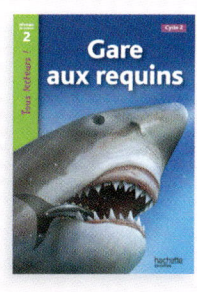
978201117 5366

■ **Gare aux requins**
> Denise Ryan

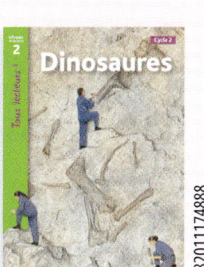
978201117 4888

■ **Dinosaures**
> Sally Odgers

978201117 6080

■ **Dans la jungle**
> Denise Ryan

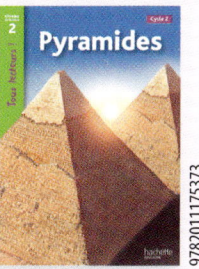
978201117 5373

■ **Pyramides**
> Sally Odgers

978201117 4871

■ **Sous la mer**
> Denise Ryan

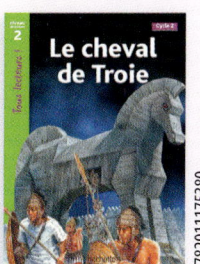
978201117 5380

■ **Le cheval de Troie**
> Sally Odgers

978201117 6042

■ **Temps et météo**
> Denise Ryan

@ GRATUIT Les compléments pédagogiques de chaque titre sont téléchargeables gratuitement sur notre site internet : www.hachette-education.com

Le bibliobus

Quatre œuvres intégrales de littérature de jeunesse dans un seul volume

11 La Petite Poule rousse et autres histoires
Conte La Petite Poule rousse, conte populaire anglais
Roman Moi, quand je serai grand…, Pierre Puddu
Roman La Sorcière de mes rêves, Évelyne Lallemand
Roman Le Boxeur d'un mètre dix, Pierre Coré
9782011165060

12 Les Trois Boucs et autres histoires
Conte Les Trois Boucs, conte populaire norvégien
Roman Les Blagues de Toto, Thierry Coppé
Roman Henri tête-en-l'air, Christel Desmoinaux
Roman Ouh ! La Menteuse, Leslie Bebos
9782011165077

13 Les Trois Petits Cochons et autres histoires
Conte Les Trois Petits Cochons, conte populaire anglais
Roman Guillaume super poète, Pakita
Conte Comment le chien devint l'ennemi du chat, conte populaire chinois
Roman Ça mange quoi un dragon ?, Yves-Marie Clément
9782011173218

14 Le Loup et les Sept Chevreaux et autres histoires
- Conte   Le Loup et les Sept Chevreaux, Jacob et Wilhelm Grimm
- Roman   C'est pas bien de se moquer, Pierre Puddu
- Roman   Demain je serai africain, Marc Cantin
- Roman   Le Bébé de la sorcière, Nicolas Hirsching

9782011173225

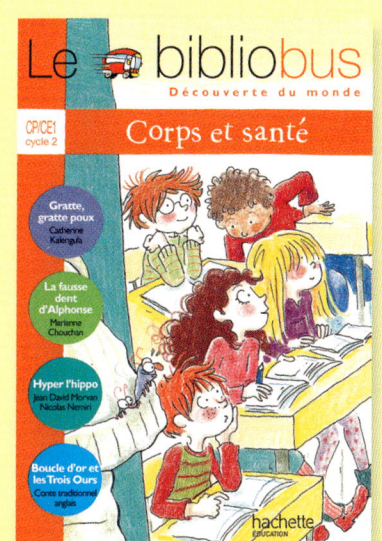

19 Découverte du monde Corps et Santé
- BD   Hyper l'hippo, Jean David Morvan, Nicolas Nemiri
- Conte   Boucle d'Or et les Trois Ours, conte traditionnel anglais
- Roman   Gratte, gratte poux, Catherine Kalengula
- Roman   La Fausse Dent d'Alphonse, Marianne Chouchan

9782011173423

20 Le Bonhomme de pain d'épice et autres histoires
- Conte   Le Bonhomme de pain d'épice, conte traditionnel anglais
- Théâtre Gros Mensonge, Bernard Gallent
- Roman   Un roi tout nu, Bruno Gibert
- Conte   Jack et le Haricot magique, conte traditionnel anglais

9782011173447

25 Vivre ensemble La Différence
- Roman   Roberto le Gitan, Corinne Albaut
- Roman   Carréville, Corinne Albaut
- Comptines La Farandole des prénoms, La Photo de classe, Le Carnaval, Bisou et Coquin, Corinne Albaut
- Théâtre   L'Anniversaire de Caroline, Corinne Albaut

9782011173898

32 Découverte du monde Le Temps
- Conte   Le temps de la vie, Corinne Albaut d'après Grimm
- Roman   Léo et la drôle de machine, Marc Cantin et Isabel
- Roman   Charlotte est encore en retard, Pakita
- Roman   Ma journée au château fort, Philippe Barbeau

9782011175694

34 La Soupe au caillou et autres histoires
- Conte   La soupe au caillou, Corinne Albaut
- Roman   Des Lunettes pour Noémie, Marc Cantin et Isabel
- Roman   Le chevalier Têtenlère, Stéphane Daniel
- Roman   Loup-Rouge, Domitille de Pressensé

9782011179159

38 Pipistrello et la poule aux œufs d'or et autres pièces
- Théâtre Le magicien qui aimait les bonbons, Sylvaine Hinglais
- Théâtre Carnaval, François Fontaine
- Théâtre La grande trouille des fantômes, Michel Piquemal
- Théâtre Pipistrello et la poule aux œufs d'or, Elzbieta

9782011181817

@ GRATUIT Les compléments pédagogiques de chaque titre sont téléchargeables gratuitement sur notre site internet : www.hachette-education.com

Références iconographiques

- **p. 14** © emilio 44j/Fotolia.
- **p. 22** © Didier Jeunesse.
- **p. 26** © stephanie57/Fotolia ; © karandaev/Fotolia ; © rvlsoft/Fotolia ; ©rimglow/Fotolia ; © Alexandra/Fotolia.
- **p. 28** de haut en bas, © guitou60/Fotolia ; © Le monde en photos/Fotolia ; © chrupka/Fotolia ; © Francis Lafargue ; © krysek/Fotolia.
- **p. 29** de gauche à droite et de haut en bas, © Mauritius/Photononstop ; © Daniel Thierry/Photononstop ; © Patrick AVENTURIER/GAMMA; © Michel Gounot/Godong/Photononstop.
- **p. 30** © Artedia/Leemage ; © Hulton Archive/Intermittent/Getty Images.
- **p. 40** © Muriel Kreitz-Chabot.
- **p. 48** © Collection Grob/Kharbine-Tapabor.
- **p. 50** de gauche à droite et de haut en bas, © Rémi Tournus ; Astérix®-Obélix®/© 2016 Les éditions Albert René/ Goscinny-Uderzo ; © Bianchetti/Leemage ; © Photo Josse/Leemage.
- **p. 51** de haut en bas et de gauche à droite, © Philippe Body/Hemis.fr ; © Sylvain Oliveira/Sunset ; © Sylvain Oliveira/Sunset.
- **p. 52** © BPK, Berlin, Dist RMN/Photographe inconnu © A.D.A.G.P., Paris 2009 ; © Michael Nicholson/Corbis.
- **p. 66** © Age/Photononstop.
- **p. 70** © Farabola/Leemage.
- **p. 72** de gauche à droite et de haut en bas, © Daniel Silva/ANZ/Ask Images ; © Marc Vérin/Photononstop ; © Catherine Jouan et Jeanne Ruis/Hoa-Qui ; © Earl & Nazima Kowall/Corbis.
- **p. 73** de gauche à droite et de haut en bas, © B. & C. Alexander/Cosmos ; © Images Broker.net/Sunset ; © B. & C. Alexander/Cosmos ; © Xavier Zimbardo.
- **p. 74** © La collection/Artothek © Succession Picasso 2016.
- **p. 92** © Imagestate/Sunset.
- **p. 94** © Fondation contre le cancer ; © Wallis/Sunset ; © Louis Cavelier/Sunset.
- **p. 95** © Visual Collection/Sunset ; © Till Jacket/Photononstop ; © INPES.
- **p. 96** © Richard Nowitz.
- **p. 102** © Âne Bâté Éditions.
- **p. 110** © cynoclub/Fotolia ; © Éric Isselée/Fotolia ; © Ivonne Wierink/Fotolia ; © Erik Lam/Fotolia.
- **p. 116** de gauche à droite et de haut en bas, © NHPA/Sunset ; © Junior Bildarchiv/Sunset ; © NHPA/Sunset ; © NHPA/Sunset.
- **p. 117** de gauche à droite et de haut en bas, © Nicolas TAVERNIER/REA ; © Westend61/Getty Images ; © goodmanphoto/Fotolia ; © greg/Fotolia.
- **p. 118** © Rémi Tournus.